補救教學

關懷弱勢者教育

詹永名　王淑俐　著

五南圖書出版公司 印行

自　序

　　2013年2月，我在報紙頭版上看到詹永名與學生的合照。原來是教育部表揚「補救教學績優團隊與學生楷模」，他的學生溫俊惟（池上國中九年級）的數學成績由個位數進步到近滿分，永名就是他的數學老師。

　　看到這個消息，我很高興也不意外，我相信一定是永名辛苦耕耘所得。腦海中浮現當年他在文化大學修讀教育學分的樣子，他與曹仲宇兩人均聰明活潑且對我十分親切、有禮（曹仲宇也在池上國中任教）。

　　記得當年我曾告訴永名，未來只能在學校及數學補習班當中「二選一」，不能跟自己班上的學生收費補習。如果要幫助學生課後加強，就得免費，否則就直接去補習班教數學賺錢。甚至認真的要求永名在我面前做出選擇，否則不建議他修教育學分。後來他選擇到學校教書，若學生學不會就免費補習。不僅如此，他還選擇去台東教學，當時我不相信他能留下來，只鼓勵他「至少待3年」，因為我自己也做不到！

　　看到媒體對永名的報導，我百感交集。十分佩服他的決心、勇氣、無私奉獻，慚愧自己說得多、做得少，不敢跨出舒適圈。更欣慰及感到有希望，因為有永名與仲宇這類為弱勢學生付出的好老師存在。好老師默默耕耘、不求速成，好老師低調謙虛、不自我誇耀，好老師樂觀積極、永不放棄。

　　多年不見永名，除了與他「相認」、向他挖寶之外，更希望與他合寫《補救教學》的書籍。因為我在大學的師培中心教授「補救教學」這門課，永名的經驗與功力，是補救教學最想學習的。這本書籌劃及撰寫了5年才出版，是因為我一直沒弄清楚補救教學的政

策與內涵，5年後，永名在補救教學的實務面又有更多成長。

　　本書由我統整，除必要由永名親自撰寫外，其餘都是我們共同討論的結果，我也到池上國中觀摩他的教學好幾次。本書的另一特色是書中包含了許多校長、主任、老師的補救教學觀點、策略及經驗，有些老師願意具名，有些則為善不欲人知，不論如何都要致上最高的敬意與謝意。

　　為了這本書，我訪問了許多人（學校教師及民間團體的課輔志工、社工等），常讓我熱血澎湃。在關懷弱勢者教育這部分，需要很多熱忱與衝勁，以及長期獻身教育的決心與恆心。看了本書，除了請大家多給教育工作者支持與鼓勵外，更希望您也能一起投入關懷弱勢者教育的行列，不論付出多少，都對弱勢地區的學校及弱勢學生有幫助。

王淑俐

2018年3月12日

目　錄

1

導論——
黑暗中的燭光

不怕風雨的風雨教室

> 發揮你生命的價值，黑暗的地方，一根蠟燭就很亮！
>
> ～布農文教基金會創辦人白光勝牧師

第一節 「教育資源」是孩子未來的希望

2014年的暑假，我與家人一起去柬埔寨旅遊，整體收穫頗為豐盛。除了親炙世界文化遺產吳哥窟的壯美之外，還多了不少教育省思。當地導遊阿光，是柬埔寨華裔第三代。以柬埔寨男性平均壽命僅56歲來看，56歲的阿光算是高齡卻充滿活力。他的敬業精神與導覽功力，完全不輸年輕人。阿光的少年時代，正處「紅色高棉」（柬埔寨共產黨）統治時期；他的生命故事，也是柬埔寨一頁滄桑史。回國後看到「赤柬」的新聞（莊蕙嘉，2014年8月8日，聯合報，A13版），特別地有感觸。

> 柬埔寨共黨政權垮台35年後，當年主導大屠殺造成近200萬人喪命，目前仍在世的兩名領導人農謝及喬森潘，因違反人道罪，七日被柬埔寨特別戰爭罪法庭判處終身監禁。

1976年，波布出任柬埔寨總理，展開3年8個月的極左統治。他強迫國王施亞努退休並將他軟禁，實施種種「大滅絕」政策，如：廢除貨幣、沒收私有財產、拆散家庭、關閉學校、禁用書籍和印刷品。將市民送入集體農場，並殺害商人、教師、醫生和僧侶，死亡人數高達170萬人。在9,138個坑葬點，挖掘出近150萬骷髏，占總人口近四分之一。

那次的行程，原先並未安排參訪人稱「波布罪惡館」的S-21集中營（以前是一所中學），幸賴同團成員半數以上的同意，才得以一窺究竟。當年有14,000至15,000人囚禁於此，大部分無罪，卻被酷刑逼迫認罪而凌遲至死。「波布罪惡館」的牆上，曾有真實頭骨拼出的柬埔寨地圖，不少

人看了覺得「過於感傷」，如今已經取下。但牢房留下的刑具及牆上掛著受害者照片（含生前檔案及死時慘狀），仍讓人止不住的悲傷。

至1990年代，柬埔寨的人口數量及經濟情況，才大致恢復正常。去過柬埔寨的遊客，對當地小朋友蜂擁而上，向人要東西或兜售農產品印象十分深刻。為什麼小朋友不上學？2010年止，柬埔寨有近200萬文盲，占總人口22.4%，15歲以下的文盲更占66%。學齡兒童居無定所、學校不足，「教育」成了振興柬埔寨的最大希望。

阿光雖是華裔卻熱愛柬埔寨，他咬牙切齒地講述當時的恐怖情景，更為自己的失學感嘆萬分，他希望：「柬埔寨要加強教育及尊敬老師，快速恢復國力。」

一、原住民的教育希望工程

與柬埔寨相較，台灣的教育資源應該足夠吧！但為什麼常聽到偏鄉學校的各種困境？2015年9月開學時，我對政治大學的師資生說：

> 這學期的「補救教學」課程，我安排兩天一夜校外參訪，
> 我們去台東縣延平鄉布農部落及池上鄉的池上國中看看。

20公頃的布農部落休閒農場，是布農文教基金會創辦人白光勝牧師的祖產，他花了好大功夫，才說服父親捐給基金會。農場規劃了部落劇場、部落民宿、部落風味餐廳、部落咖啡屋、編織工作坊、會議室、菜圃、畜牧場、農特產加工室、便利商店、河堤公園、蝴蝶谷區等，藉由有機農業、文化研究、藝術創作、生態復育等多元發展，為原住民的未來找出路。農場提供工作機會給族人，一起守護美麗山林、重建布農文化，讓族人續留部落。

布農族的農特產品好用、好吃，他們自給自足、自立自強的精神更令人敬佩。其實我們付給園區的房錢、飯錢，根本少於他們提供的住宿、農特產品的價值。因為他們只求自力更生，而非乞求施捨。白牧師也這樣教導自己的六個孩子，讀高中及大學前，都要休學一年到農場工作及吃苦，

靠自己的力量賺取未來的學費、生活費，找到人生目標。那一次參訪時，我們買了精油皂、竹炭品、果醬、果醋、小米酒等，帶回好幾個存錢的竹筒，存滿3,600元即可捐回「教育關懷」專案，布農基金會則回饋一張住宿券。

1984年，布農族人白光勝從神學院碩士班畢業，決心回台東縣延平鄉宣教。他看到原住民部落的沉淪與文化迷失，認為只有「教育」才能提升族群靈魂，否則將成「無底洞」的惡性循環。於是他開辦教育營，為國中小學生實施「課後輔導」。1995年，在伊甸社會福利基金會的協助下，成立了「布農文教基金會」，這是第一個由原住民成立的基金會。不僅接續課後輔導，更提供貧困家庭學生獎學金，陸續栽培一百多位優秀的布農青年上大學。

二、與白牧師、溫牧師的美好談話

白牧師生於民國43年，3歲的時候，因為小兒麻痺症，使得兩腿相差7公分；一隻腳永遠不能踏地，還經常腫脹。身體的不便帶來許多心酸，他不想連累雙親，初中畢業後考上公費師範學校，開學一週就被校方以「四肢不健全」為由而退學。他轉讀台東高商，苦讀英文、勤練算盤，高三通過珠算一級檢定。畢業後他報考公務人員特考，再次因為小兒麻痺症被拒門外。他本來認命了，想留在家中務農，但最後決定去考關渡基督書院。

這次參訪，我設法安排了與白牧師的座談。觀賞完園區傳統歌舞表演後，下午3點半，我們到咖啡屋與白牧師見面。原先預訂一小時的行程，在我們專注地聆聽下，白牧師一開口就直講到下午5點多。池上國中的詹永名及曹仲宇兩位主任，也趕來參與。他們說，在台東教書那麼久，竟未能親炙白牧師。

溫馨的咖啡屋裡，拄著柺杖、皮膚黝黑、白髮蒼蒼的白牧師，給人成熟穩重、歷經滄桑的印象。「原住民教育為什麼會成為一個議題？」白牧師開頭說，因為台灣主權曾落在不同民族手上，原住民非但無法好好發展自己的語言，還須不斷學習新的語言與事物。加上國民政府來台，並不重視原住民教育；就算老師下鄉教書，也都是操著外省口音的年長老師。對

● 白牧師（照片中坐著穿白上衣者）

原住民而言，學習成了一件非常吃力的事。漢人是主流文化，原住民一開始就輸在起跑點；原住民文化不被政府重視，必須靠自己努力傳承下去。

　　天生樂觀的個性，讓原住民只想快樂的生活；對於太多專業科目的學習，提不起興趣。於是，部落漸漸成了教育落後區域。30多年前，白牧師就發現了這個問題，所以決定回部落，讓教會成為課業輔導中心。數十年如一日的努力下，使部落的孩子上大學，接觸外面的世界。大學生服務隊，也開始進到原鄉。雖然看到一絲曙光，但許多外援進入，卻不清楚原住民到底需要什麼。他舉個例子：

　　　　有些大學生熱情的來辦營隊，教這裡的學生怎麼烤龍蝦；原住民孩子根本沒機會吃龍蝦啊！外來的幫助固然是件好事，但要打破都市人的思維，貼近原住民的生活，才能真正幫到忙。

白牧師說，原住民是「活在當下」的民族，他們的語言中沒有「再

見」，因為整個大自然都是原住民的家園，沒有離開的一天。這是原住民的生活美學，也造成原住民與漢人的隔閡。因為思考邏輯不同，原住民學起漢文自然慢許多，使他們的學習進度落後，久之，學習熱情自然削弱。他們向大自然學習，自由、熱情，卻要被束縛在教室裡；漸漸的，老師也不教他們了，這就是白牧師做「補救教學」的原因。

白牧師說，他要教孩子英文與世界接軌，要教孩子與漢人溝通，爭取自己的權利。剛開始，孩子們會抗拒或逃避，但最終看出白牧師眼中的關懷，真心想幫助他們。白牧師說：

> 原住民部落就像一杯被浸入咖啡的白開水，不可能保持純粹，也沒辦法拒絕文明。希望未來當老師的人，發揮生命的價值。在都會地區教書，不一定有價值；到偏鄉或部落，一定有價值。黑暗的地方，一根蠟燭就很亮！

我們還想多聽白牧師的慷慨陳述，但也想趁著還有微弱天光，看看農場的山谷、溪水，只好先與白牧師告別。在園區走著走著，天全暗了，雖然看不清彼此的臉孔，卻覺得心靈十分接近。吃完園區的風味晚餐，接著要去溫牧師那兒拜訪。為什麼多出一個行程？原來，布農基金會的課業輔導班，已轉由溫源田牧師負責了。我本以為教會很好找，還跟溫牧師「誇口」能自己走過去。但園區外一片漆黑，哪兒看到什麼房子？最後還是勞駕溫牧師開著他的中巴來接我們。

到達時，看到所謂的「課輔教室」，只是在溫牧師家門前的空地，半邊矮牆、半面透風的鐵皮棚架下，擺著19張課桌椅。每天下午5點放學，直到晚上10點，需要「補救教學」的國中小學生，就來這兒晚餐及加強課業，而且全都免費。師資呢？單靠溫牧師及牧師娘當然不夠，每週3、4天，溫牧師開著中巴（幸好有這輛朋友送的二手車），到台東大學接志工老師，晚上9點多再開車送他們回學校。每次開車要2小時以上，但溫牧師說，他一個人辛苦就可以了，讓志工老師比較輕鬆。

溫牧師的善良、年輕、幽默，使我們被他深深吸引。一行人站著與他

聊了一個多鐘頭，他也提了不少白牧師曾說過的教育問題，但我們看到更多的是他的樂觀及行動力。溫牧師說：

> 許多原住民家庭都不健全，父母酗酒、家暴，更多孩子甚至連父母都沒有。於是孩子下課後到我家吃飯、讀書，成了常態。

他不吝於在自家門口擺放課桌椅，讓孩子們每天放學後安身。我們看到一頂帳棚，原來隔天溫牧師要帶課輔班的孩子去露營。本來只是獎勵成績進步的孩子，但後來就全都一起去囉！

溫牧師之所以成為牧師，且願意負責部落孩子

● 溫源田牧師家門前的風雨教室

的補救教學，是受到白牧師的感召。當年他也是在外遊蕩的孩子之一，被白牧師帶回教會吃飯、讀書，才有機會上大學。大學畢業後，他決定讀基督書院，回部落分擔白牧師的工作。他說：

> 原住民孩子學習成功的機率很低，以延平鄉延平國中為例，每年保送男、女各一位原住民學生進入台東高中、台東女中，當年我也是保送生。以男生來說，10年來，從台東高中畢業的竟不到5人，女生比較屬害。

要不是信仰的力量，很難這樣的付出吧！偏鄉客觀條件不好，財力就是一個重大問題，真不知道溫牧師如何在有限經濟支援下，持續做課後輔導？我們問：「如果小孩不想來課後輔導，怎麼辦？」溫牧師說，他會到

孩子家裡關心一下，小孩自然就回來了。因為孩子對於愛的渴望，超乎我們想像。愛的來源本應是父母，當父母的功能削弱時，只好從外界尋求。

第二節　老師也可以是阿拉丁神燈

　　台東縣池上國中九年級學生溫俊惟，成績原本滿江紅，數學最差還考過2分，之後一路進步至96分，導師的評語從「冥頑不靈」轉變為「恭敬有禮」，而詹永名就是他的數學老師。溫俊惟坦言，以前超討厭數學（「覺得很難、聽不懂」），八年級開始「補救教學」之後，才體驗到樂趣。「詹老師很有趣，上課一聽就懂，不會那麼無聊了！」他不僅學業進步，美術作品也入選全國美展，畢業後打算往木工與設計發展，後來就讀公東高工木工科。

　　白牧師是原住民，帶著使命感返鄉服務；詹永名是台中人，為何選擇到台東教書？這要從他大學一年級說起。當年，台東金崙部落的戴傳道邀請大學生暑假到部落教會住兩個星期到一個月，為部落孩子輔導暑假作業。永名沒去過台東，抱著旅遊的心情報名了。而這個決定，居然影響了他的一生。第一次去台東時，他回憶：

　　　　清晨6點搭上自強號火車，12點多抵達台東，輾轉換車到金崙站，再由教會宋長老開貨車載我們到部落教會，已是下午4點多了。因為教會尚在興建，盥洗必須到學生家中。彼得邀我去他家，一進門，一股不好聞的氣味撲鼻而來。我看到門邊一堆待洗的衣服，便自告奮勇想教他怎樣使用洗衣機。彼得帶我到後門，看到一台可能比我年紀還大的破舊雙槽洗衣機時，我放棄了。

　　　　轉而問他吃晚餐了沒？我來煮給他吃。但到了廚房，翻開鍋蓋，看到了一個不可思議的景象——一大鍋絕對超過3天的泡麵。這是他的晚餐嗎？是爸爸到外地工作，他每天吃的晚餐嗎？我們的社福單位出了什麼問題？這是整個偏鄉部落的常態

嗎？這裡是台灣還是哪個落後國家？爲什麼有這樣的事情？我止不住眼淚，我知道讓他看到我哭，會使他更尷尬與自卑。所以我假裝沒事，告訴他時間來不及了，先到教會溫習功課，待會兒再一起吃晚餐吧！

那年暑假，永名與部落孩子每天的相處發現，除了基本的健康與照養問題外，部落的教育環境更值得注意。國中生沒有基本的閱讀與算術能力，更別提英語了。一個月的時間，只可以教他們完成暑假作業，對學習能力的提升沒有幫助。他們需要的不是一個月，而是一年甚至是2年、3年的「補教教學」，是一套完整、有效的補救教學系統。這個想法及往後5年的暑期營隊服務，使永名決定畢業後到偏鄉任教。

正式教書的第一年，永名到台東的賓茂國中。這是他從大一、教育實習到教育替代役的學校。不一樣的是，這時永名是訓導組長，也是學校唯二的數學老師；代表著學生的品行、數學成績，都是他的責任。不能再站在協助者甚至批評者的角度，來看事情了。自己就是第一線的教育工作者，要為學生的成敗負責。基測滿分是300分（國文、英語、數學、社會、自然各60分），賓茂國中的榜首大概190分，第二名則不到150分，全校平均差不多100分。也就是說，每個學生都需要補救教學。當時一班19位，和現今補救教學規定的6至12人，相去不遠。

那時永名還不懂補救教學的理論，補救教學也不是主流。於是他以自己過去的受教經驗，認為只要認真教，就一定有成效，他成了賓茂國中第一個使用參考書上課的老師。每天早自習都上數學，放學再多留一節課。他極盡搞笑之能事，讓學生撐住每天二至三節的數學課。一年後，班上的基測數學平均分數為30分。永名難過極了，這樣的分數對任何外縣市的國中來說，都差到不行！把時間拿來背誦英語單字或文史科，會不會比較划算？還有什麼方法可以提升學習成效呢？永名沒有人可以問，因為隔壁班的數學成績，平均還輸他10分。

這個挫敗感是20年前的事了，如今大家都來問他「怎麼補救教學」。現代的教育觀念除了追求卓越，也開始關注學生的基礎是否打好，使成績

C級的學生得到更多鼓勵與援助。老師也可以像「神燈」，以「真愛」幫助孩子完成「夢想」。如動力火車演唱〈我給你幸福〉：

> 寧願像個神燈，你的夢都想去完成。
> 你是我的美好我的責任，真愛讓人無所不能。

一、池上鄉不僅有金城武

不老男神金城武在台東池上鄉的伯朗大道上，坐在稻田當中的一棵樹下拍廣告，那棵樹就成了「金城武樹」。池上鄉感謝金城武帶來人氣，但更感謝願意留在偏鄉任教的好老師。池上國中詹永名與曹仲宇兩位主任，是昔日大學數學系的同班同學，相約一起從繁榮的都市到一點也不熱鬧的台東「扎根」。這個選擇，對於習慣都市生活的人，應該很困難吧！不只他倆，池上國中的大多數老師，也選擇留在偏鄉，為弱勢學生奉獻心力，「低調」的閃耀生命的燭光。詹永名與曹仲宇表示，其實金城武對偏鄉教育也有貢獻。因為，池上鄉的經濟變好了，家長就不用出外打拼，甚至在外的家長也回流了。

我與政大的師資生一早8點抵達池上國中，上午是教學觀摩，下午則與池上國中的學生座談。當天是週六，老師們都無償到校為學生複習課業，而且每週如此。池上國中的老師能互助合作，只要學生願意學習，不管下課、放學甚至假日，他們都肯付出時間及心力陪伴學生。這種犧牲奉獻的精神，讓整個學校慢慢改變，學生的成績開始變好。永名說：「沒有壞孩子，只有壞命運的孩子」、「偏鄉老師只要有心就夠了！孩子看得出來你發自真心地對他好。」教育的美好來自老師的熱誠，身體再疲憊也比不上收穫的喜悅。

永名很喜歡一個比喻：在明亮的房間裡，一支蠟燭看不出光芒；但如果把燈關了，就會覺得蠟燭特別的亮。在偏鄉付出的任何努力，效果都會加倍。這個觀點與白牧師相同，真是「君子所見略同」。

為了讓偏鄉學生知道學習英語的重要，永名寫企劃、籌募資金帶學生

出國，已經去過馬來西亞、韓國、越南等地。學生參加選拔，只要能用英文自我介紹一分鐘即過關。帶學生出國，遇到任何問題都要學生自己想辦法解決；想喝一杯白開水，要自己以英文和國外服務生溝通。永名說，出國的經驗讓孩子們深刻體會到英文的價值，對英文學習的態度明顯變積極了。

永名提到，有人擔心偏鄉服務會破壞當地文化，這樣想的人，是小看了網路的力量，網路已經把很多事情改變了。大學時，他曾為了無法繼續到台東辦營隊，覺得對不起孩子而不敢接家長打來的賀年電話。當他再次鼓起勇氣到台東時，發現台東人仍很感謝他們曾經用心來過這裡辦營隊，給了孩子很棒的經驗。

一趟台東行，也讓政大這群未來的教師很有啟發，他們說：

> 隨著社會不斷強調「人生勝利組」的觀念，使自己也曾陷入迷思，忘了什麼才是想要的、適合自己的生活方式。更糟的是，只想爭取勝利，忽略身邊需要幫助的人及自己的社會責任。試著脫離台北人、都市人的思維，更能體會為什麼偏鄉、原民的孩子會有那些困境，以及怎樣才能真正幫到他們。漸失的「人味」與「溫度」又被找回來了，「同理心」漸漸被喚醒。

二、偏鄉學校的需求

2016年，我帶政大師資生到新竹縣五峰鄉的五峰國中及桃山國小參訪，由竹東國中徐華助校長（36歲就擔任五峰國中校長）擔任嚮導。我們看到偏鄉校長及老師竭盡心力，工作早已超過本分。為了開發學生歌唱、擊鼓、運動、演奏等才藝（增加學生的競爭力），為了照顧學生一日三餐，他們充分運用人脈籌措學生的生活及學習經費。桃山國小的老師大部分住校，八成學生留校晚餐及晚自習，老師們常利用課後時間課業輔導或到部落家訪。五峰國中有不少學生住宿，校長及老師的負擔更重，熱情卻

更足。

　　幾次參訪後，我們總括偏鄉學校的長期匱乏包括：

　　1.**學生餐費不足**：不只是午餐，還包括早、晚餐。

　　2.**缺乏師資與設備**：不只體制內的教師很難穩定，還要找到教音樂或體育等才藝的師資，並須募集樂器、運動器材、教師鐘點費等。

　　3.**欠缺家庭關懷**：偏鄉學生欠缺的不只是物質，還包括父母的陪伴、課業指導以及親職教育（能為孩子未來著想的見識與能力）。

　　徐華助校長說，新竹縣另一山地原鄉──尖石鄉的教育夥伴也很熱情，那裡的山更高（約2,000公尺）、路更遠（從內灣上山還有50公里）！不久，我前往「鎮西堡神木群」健行，途中看到秀巒國小正後方整片山壁崩塌，景象怵目驚心。後來我去中橫健行（天祥往觀雲山莊），從天祥走到洛韶途中經過西寶國小，這是開拓中橫的老榮民子孫以及當地太魯閣族孩子唯一的小學。山上的孩子大多走路上學（從洛韶到西寶單趙8公里，走路要一小時以上），家庭環境好的孩子，有腳踏車或摩托車接送。與尖石鄉的孩子相同的是，讀國中時都要下山住校，一週只能回家一

　新竹鄉尖石鄉秀巒國小

次！民國86年西寶分校已提升為住宿型實驗小學，是全國唯一體制內的森林小學。

　　偏鄉或原鄉有形及隱藏的危機不少，如土石流、道路坍方、交通及運輸不便，家庭經濟條件較差，學校常需外界資助。在尖石鄉新光國小的網站上，可看到「捐款需求」：

目前本校早、晚餐經費尚有許多不足部分，捐款將優先作為小朋友早、晚餐經費。另本校地高天冷，寒冬時節用電量較大，望能舒緩電費負荷。

秀巒國小的網站，也有「物資需求」及「捐款需求」：

一、物資需求：

1. 本校是本縣住宿生最多的學校，期望慈善機構或個人為孩子提供一些日常生活所需用品，例如寢具、盥洗用具、檯燈等。

2. 在電器用品及設備方面，本校環境潮濕陰冷、冬天溫度極低，為維護住宿學生身心健康，急需飲水機、除濕機及熱水器數台。

二、捐款需求：

1. 早晚餐經費：除縣政府補助相關經費之外，尚有許多不足的部分，希望透過社會資源幫助，讓住宿生能夠享用到更營養美味的早晚餐。

2. 柔道發展基金：本校95年創立柔道隊以來，學生在柔道比賽場上屢獲佳績，但偏遠學校各項資源十分缺乏，選手營養金、交通費用、住宿費急需支援。

這些原本應由父母提供的生活物品，在偏鄉卻得由學校籌措。為的是讓孩子營養足夠、頭好壯壯，才有力氣學習一技之長，建立自信及成就感，找到生涯目標及方向。例如「柔道」，是原鄉孩子的出路之一，但若缺乏經費及資源則後繼無力。看到偏鄉教師不辭辛苦，我們是否也該「分擔」一些？我問秀巒國小需要什麼？校長回答：

學校需要外界幫忙的很多，不管是物資與經費都歡迎。在經費用途上，我們會用在學生的餐費補助以及教學環境與住宿環境的改善。在物資上，只要可以減省辦公費支出，像是垃圾

袋、打掃清潔用具、菜瓜布、洗碗精、清潔用品，或是麵條、
白米、沙拉油、調味料、罐頭都可以。

　　經過呼籲，我的朋友紛紛回應；不管是「默默」捐款或「大聲」示
愛，都是偏鄉老師所需要的支持。2017年9月30日，我們6輛車、20多人，
一起上山送物資，並為秀巒國小的老師們慶祝教師節。夢想盒子藝術團
隊，也上山義演2小時的節目（魔術、腹語、歌唱、遊戲）。一起上山的
某個學生，回家後立即將心得發表於臉書：

　　　「當山崩下來的時候，基本上只有30秒的時間逃離學校；
　　但我們預估土石落入學校的時間，應該只有10秒。」秀巒國小
　　的校長說著，這是今天最令我印象深刻的一句話。學校後方的
　　山崩，是最近突然發生的。校長說，落石的聲音像砲戰，每幾
　　分鐘就「蹦！蹦！蹦！」師生從原先的恐懼到習慣，甚至沒有
　　聲音還會覺得奇怪。夾在山崩與另一座山當中的秀巒國小，其
　　實是「土石流」的紅、黃警戒區。校長對於縣府沒有過多的要
　　求，只希望屆時能給予他緊急撤離的裁量權。
　　　「這裡的學區很大，大多是泰雅族部落」校長說，大部
　　分家長必須到城裡卑微地工作。山裡的孩子衛生條件與環境不
　　好，很多孩子甚至營養不良，長大後大腦發展大都有缺陷，情
　　緒控管也有問題。
　　　在教育資源上，師資與人力真是非常匱乏，校舍的重建更
　　是困難。校長說，分校的建設流標了9次，幼兒園更是流標了13
　　次；即便有廠商願意，品質也都有所打折。
　　　生活環境的惡劣，更是外地老師需要適應的。秀巒國小不
　　只有「暗流」經過，要有淹水的準備；廁所、浴室及路邊，更
　　有毒蛇出沒。
　　　一整天下來，聽著校長講述每一個故事，在我看來都不可
　　置信。有人問他，為什麼願意來這裡？他只笑笑的反問，「那

● 新竹尖石鄉秀巒國小——給別人幸福，能使自己更幸福

你們為什麼來這裡？」我想校長的意思是，希望每個人都在各自的崗位上努力，使每一塊土地都更好。

三、這個世界需要傻瓜

2013年，導演曲全立以《3D Taiwan》抱回世界第四屆3D大獎（Creative Arts Award）評審團大獎（另一得獎人是拍攝《少年Pi的奇幻飄流》的李安）。曲導演決定到台灣的偏鄉國小播放《3D Taiwan》，因為都市孩子資源多，偏鄉孩子可能連電影院都沒去過。雖然需要不少經費，他認為這是「最甜蜜的負擔」，3年來已跑過800多所學校。

曲全立為什麼要這麼做？2002年，當他35歲、事業正高峰時，卻發現腦部長了一個拳頭大的瘤，若不動手術則只剩半年不到的生命，手術也只有一半成功的機率。他決定動手術，術後留下半盲半聾的後遺症。重獲新

生的他，用「第二條生命」回饋這塊土地。他賣掉工作室，自費打造3D行動電影車，到偏鄉國小播放3D電影。這是一種新形態的教育，教導孩子們擁抱文化，使他們理解未來經濟的面貌。

　　活動之初，他與妻子商量，在每個學校認養一個小孩。進入偏鄉後發現，弱勢家庭太多了；很多小孩是隔代、外配或單親教養，很多家長沒有穩定收入，偏鄉孩子很少唸到高中、大學。他也發現，不只自己是個傻瓜，許多偏鄉老師都是默默耕耘的傻瓜。他說（曲全立，2016）：

　　　　許多偏鄉老師對孩子無私的付出，除了課業，還常關注學生的家庭狀況，以免他們無心學習、輟學、翹家。很多老師（包含主任、校長）下課後自掏腰包為孩子買晚餐，陪孩子一起寫功課、閱讀課外讀物。因為家長還在工作或隔代、單親，無法讓孩子享有充分的家庭照顧。

　　因此，本書從偏鄉出發，藉由「補救教學」這個主題，讓大家一起關懷與參與「弱勢者教育」。

2 爲什麼需要補救教學？

> 　　你怎麼能將一個住在狹窄公寓的單親孩子，和一個有雙親、祖父母，甚至有家教的孩子相比？……你怎麼能將一個父母在服刑的孩子，和一個父親在行醫的孩子相比？你怎麼能將一個沒早餐可吃的孩子，和一個早餐過於豐盛的孩子相比？
>
> 　　　　　　　～洪蘭引用知名小說家約翰・葛里遜（John Grisham）所說

第一節　「學習落差」是需要關注的議題

　　洪蘭（2016）鼓勵大家一起改變存在於文明世界的「不公平」現象，彌補單親家庭、父母入獄服刑、沒早餐可吃等弱勢孩子，實質及心理的匱乏。

一、教育改革與補救教學

　　1996年，行政院教改會提出《教育改革總諮議報告書》，〈綜合建議〉第二節「發展適性適才的教育：帶好每位學生」中提到（頁34）：

　　　　目前中、小學教育，由於僵化、統一的制度和課程，加上長期資源投入不足，以及不正常教學與升學主義之影響，使學校內未受到充分照顧的學生明顯存在。他們常在教育的初期，就無法奠定良好的學習基礎，隨後又在編班與強調學業成就的大班教學中，得不到適時、充分的照顧，因而生活習慣、學習態度、是非判斷及基本讀、寫、算能力，都比一般學生相差甚多，成為學校相對弱勢者。

　　形成「學校相對弱勢者」的原因，是僵化的教育制度及長期的資源投入不足。使有些學生得不到適時、充分的照顧，造成學業成就、生活能力

及是非判斷，與其他同學有了「明顯落差」。如果「教育初期」未能奠定良好基礎，不僅學習落差會愈來愈大，也怕之後來不及「補救」。所以需要「對義務教育階段，選擇適當時機辦理全國基本學力鑑定」（頁41），對落後者即時給予補救。學校要建立「補救教學系統」，實施方式包括（頁42）：

> 1. 師資為補救教學之首要條件，現階段學校應可由下列方式，補充師資之不足。如：多校合聘教師、實施教師在職進修使每一學科教師都有從事不同程度的補救教學能力、義工、家長、大學生及退休老師。結合資訊業者將課程與教材進階化、視聽化，協助學生自學。
>
> 2. 應積極由校內、校際與其他單位等不同層級和方式，發展各類補救教學教材、教法與學習評量工具，發揮圖書館功能，以隨時提供補救教學之所需。並在國小、國中至高中形成完整的聯絡系統，相互支援。
>
> 3. 補救教學具有多元、適應個別差異的特質，應充分給予學校在課程、教學和成績考核處理之彈性。

報告書中還提到，原住民學生需要補救教學，因為（頁37）：

> 由於平地化政策的影響，教育措施未能全面顧及原住民的特性；原住民在融合的學制中，難以適應偏重智育及升學競爭之教育方式。因此，雖然扶助措施一再加強，原住民和一般國民在國民教育程度上的落差卻逐漸拉大，形成惡性循環。在原住民地區的學校，因專業教師極為欠缺、素質參差不齊、且流動率高，已嚴重影響教學效果。

對於原住民教育即使有扶助措施，由於沒有顧及原住民的特性，沒有解決原住民學校師資的種種問題，所以落差還是愈來愈大。報告書中建議（頁45）：

⬤ 攝於新竹縣五峰鄉五峰國中，前排中間為四肢截肢的十大傑出青年郭韋齊

　　1. 根據「教育優先計畫」，擴編教師員額，延長偏遠地區服務年限。

　　2. 修改課程標準，將族群關係、多元文化與原住民文化社會題材，融入各級學校課程與教材，並編纂各族補充教材。訂定「雙文化認同取向」教育目標，兼顧原住民族群文化與現代社會生活之適應潛能。

二、補救教學政策的發展簡史

　　「補救教學」（Remedial Instruction）本以「弱勢家庭低成就學生」為特定對象，後來為了提升國家競爭力，延伸至「一般家庭之學業低成就學生」。原本實施於國民中小學，後來因應十二年國教，延伸至高級中等學校（包含高中職），相關法規及方案依序如下：

　　1. 民國84年公布《教育部補助直轄市縣（市）政府推動教育優先區計畫作業要點》（民國98年廢止），針對偏遠地區和升學率低、中輟率高、

設備嚴重不足的學校，優先補助可提升學習成就之各項硬體建設與課業輔導經費。

2. 民國92年開辦「關懷弱勢弭平落差課業輔導」，關懷低收入戶、原住民、單親、身心障礙及外籍配偶之子女，及其他級任導師認定之弱勢學生。進行語文與數學課業協助及輔導，提升學生的「基本能力」。

3. 民國93年實施《教育部縮短城鄉學習落差補助要點》（民國95年廢止），後來將類似計畫整合為《教育部補助辦理攜手計畫課後扶助要點》（民國98年廢止），對具有原住民、新移民子女、低收入戶、身心障礙和免納所得稅的農漁民子女身分學生實施課後學業輔導，同時給予學習弱勢學校經費補助。即使非弱勢家庭，只要屬於學業低成就者（都會地區班級成績後20%、非都會地區班級成績後35%的學生），也可以參與此計畫，課後或寒暑假期間接受學業輔導。

4. 民國97年公布《教育部國民及學前教育署辦理高級中等學校學生學習扶助方案補助要點》，是升上高中職後的補救教學措施，同樣無需付費，適用的各類學業低成就學生包含：

(1)國民中學教育會考成績國文、英文、數學任一科列為「待加強」者。

(2)任一次學業成績定期考查之學科成績不及格，且在同一年級為後25%者。

(3)前一學期學科成績不及格，且在同一年級為後25%者。

但因離島地區學校以及原住民學生合計占學生總數40%以上者，不受前項規定限制。

5. 民國98年公布《教育部國民及學前教育署補助國民中小學及幼稚園弱勢學生實施要點》，為執行教育優先區計畫、兒童課後照顧服務班與中心設立及管理辦法、協助國民中小學急困學生計畫、國民小學及國民中學推動夏日樂學計畫整合式學習方案、城鄉共學夥伴學校締結計畫、教學訪問教師計畫及補助衛生福利部（以下簡稱衛福部）辦理兒童與少年未來教育及發展帳戶推動方案。

6. 民國101年公布《教育部國民及學前教育署補助直轄市、縣（市）

政府辦理補救教學作業要點》，將「教育優先區計畫－學習輔導」及「攜手計畫－課後扶助」整合，推動「國民小學及國民中學補救教學實施方案」。篩選國語（文）、英語、數學三科學習低成就學生，及早即時施以補救教學，弭平學力落差。以落實教育機會均等理想，實現社會公平正義。

　　7.民國101年公布《教育部十二年國民基本教育學習支援系統建置及教師教學增能實施要點》，依學習需求之個別差異，分三層級的學習支援系統：

　　　　第一層級學生之差異化教學：針對不同程度與學習需求之學生，提供多元性學習輔導方案及教學。

　　　　第二層級學生之補救教學：針對已發生學習困難而未達基本學習內容標準之學生，提供學習輔導措施。

　　　　第三層級學生之特殊教育：針對無法以第一層級、第二層級教學策略教導之學生，提供特殊教育措施。

　　　　凡國中畢業生會考成績為「C－待加強」等第者，進入高中職也需接受補救教學，以確保基本學力品質。

　　上述「第一層級」屬於「一般教學」範疇，針對大多數學生（約四分之三）。因國民教育階段學生程度難免高低不一，所以教師須兼顧不同學生的需求，進行「有效教學」。

　　「第二層級」即屬「補救教學」範疇，針對學期當中，學習有困難且未達基本學力者（約四分之一），以及會考國英數等科目「待加強」之學生（依科目不同，約占五分之一至三分之一）。需要增加上課時間、特別開班以及學習輔導，教材及評量方式也要調整。

　　「第三層級」屬於「特殊教育」範疇，針對經鑑定為身心障礙的學生，由特教老師依不同特殊生的狀況，進行有效教學與補救教學。

　　我國目前的補救教學措施以十二年國教為範圍，尚未及於「學前教育」與「高等教育」。

三、學習低成就的成因

　　由上述補救教學法規及方案可知，學習低成就與低社經背景或弱勢家庭密切相關。這類學生在家裡未受到重視，父母不知如何賞識他們；進入學校後又累積失敗與不愉快經驗，隨著年級增長和課業愈趨困難，學習動機愈來愈弱，很難擺脫成績低落的惡性循環。如原住民身分學生的父母，教育程度較全體民眾平均為低，較無力指導子女。根據行政院原住民委員會《台灣原住民就業狀況調查報告》：

表2-1　15歲以上原住民與全體民眾教育程度的百分比（106年3月）

	小學及以下	國（初）中	高中（職）	專科	大學及以上
原住民	17.25%	19.84%	39.18%	6.47%	17.26%
全體民眾	14.78%	18.32%	31.07%	10.05%	25.77%

　　原住民教育程度高中（職）及以下的比率，高於全體民眾；專科與大學及以上的比率，低於全體民眾。他們多半從事勞力工作，男性以「營造業」最多，占26.80%，其次為「製造業」及「農林漁牧業」，分別占13.37%及12.64%；女性以「製造業」最多，占16.31%，其次為「住宿及餐飲業」及「批發及零售業」，分別占15.32%及14.88%。原住民每人每月平均收入為28,550元（106年），以2萬元～未滿3萬元比率最高，為38.01%；其次為3萬元～未滿4萬元，占26.97%。與全體受僱就業者的平均月薪3萬7,703元相比，少了快一萬元。原住民家庭經濟力較弱，對孩子的教育投資相對較少。子女為了協助家計，常無法穩定就學或繼續升學。

　　原住民單親與無親比例偏高，依民國99年內政部單親家庭狀況調查，全體民眾之單親人數為289,633人，占母數2千300萬的1.26%；原住民單親人數為24,921人，占母數51萬人的4.9%。家庭結構不完整，直接影響孩子的學習習慣及成效。父母為維持生計而到外地工作，將在學子女交託叔伯姨姑或祖父母照料，隔代教養成為普遍現象。即使雙親俱在的原住民家庭，父母對子女的管教也多採自由放任，對子女的學習參與較少，也少積

極督促功課，孩子不易從家裡得到就學向上的鼓勵。

原住民普遍社經地位較低，因而影響群聚的部落文化水準；加上原住民部落青壯人口大量遷出，更減少帶動整體部落文化發展的動力。使原本交通不便、資源缺乏、文化刺激不足的部落，更難突破環境的窒礙。

四、弱勢教育的意義

弱勢教育是指針對弱勢者制訂的教育政策，尤其在國民教育階段。所謂「弱勢」（disadvantage）泛指升學、就學、就業等方面，因位處社會邊緣、文化資本不足而受影響的人；可能源自於社經地位、社會地理環境、身心障礙、家庭型態及少數族群等。依據《住宅法》（民國106年1月11日）第4條「經濟或社會弱勢者身分之範圍」：

　　　主管機關及民間興辦之社會住宅，應以直轄市、縣（市）轄區為計算範圍，提供至少百分之三十以上比率出租予經濟或社會弱勢者，另提供一定比率予未設籍於當地且在該地區就學、就業有居住需求者。

　　　前項經濟或社會弱勢者身分，指下列規定之一者：

　　　一、低收入戶或中低收入戶。

　　　二、特殊境遇家庭。

　　　三、育有未成年子女三人以上。

　　　四、於安置教養機構或寄養家庭結束安置無法返家，未滿二十五歲。

　　　五、六十五歲以上之老人。

　　　六、受家庭暴力或性侵害之受害者及其子女。

　　　七、身心障礙者。

　　　八、感染人類免疫缺乏病毒者或罹患後天免疫缺乏症候群者。

　　　九、原住民。

　　　十、災民。

十一、遊民。

十二、其他經主管機關認定者。

教育部（2004：3）在《教育政策白皮書》草案提到「基於社會公平正義的理念，對原已處於社會、經濟、文化不利地位的弱勢學生，在教育資源分配的過程，應給予『積極的差別待遇』（Positive discrimination），期能縮小教育結果的差距。」據此，

● 新竹縣尖石鄉的最高學府新光國小

教育政策應協助弱勢者接受適性教育，以實現教育機會均等的理想。

家扶基金會於2012年發布《台灣貧窮兒少資料庫——生活趨勢調查報告》，貧困兒少56%平常在家沒有人可以教導功課，54%暑假沒有參加任何學習課程，50%沒有機會補習或參加課業輔導。但，高達78%的貧困兒少認為補習對自己的學習有所幫助，貧困兒少在課業碰到困境時，需要額外的加強，才有較好的學業成就，能與一般孩子在課業上競爭。

調查報告指出，大多數貧困家庭的家長仍重視子女教育，有八成三的家長主動關心孩子的考試成績，期盼子女在課業上有好表現；五成六的家長期待子女有大專以上的學歷。但，七成三家庭負擔不起孩子課後輔導或補習費用。處於社會剝奪狀態下的孩子，超過半數表示在英文、數學兩科的學習面臨困難。家人忙於工作或教育程度不高，不懂的課業問題常常累積，導致近半數貧困兒少在班上成績排名屬中後段，三成三貧困兒少常在重要考試不及格。

班上其他同學下課後趕去補習，貧困兒少卻要回家幫忙家務。他們只希望趕快完成學業，然後學得一技之長。家扶基金會調查2011年受扶助10,736名高中職學生中，只有26%就讀普通高中，74%選擇技職路線。選擇技職路線通常受到家庭經濟因素影響，希望提早就業，幫助家庭生計。選擇技職教育也與學業低成就有關，因缺乏加強課業能力的機會，很難考

取公立學校。

　　調查得知，六成五的貧困兒少希望完成大學教育，但僅35%順利就讀大學。經濟弱勢家庭的孩子，國中畢業後，只有八成選擇升學。對於「未來的就業期待與看法」，七成認為家中經濟條件對自己未來的發展有所限制。雖有37%的貧困兒少，希望自己未來是教師、工程師、醫師等，擁有專業技術。但現實生活條件的考量，約31%從事餐飲店店員、服務生、店面銷售人員，僅14%成為技術員或助理專業人員。多半選擇較無專業性的職業，因而容易落入貧窮循環的危機。家扶基金會呼籲大家關心貧困兒少的教育資源，給予均等機會，幫助他們達成求學夢想，使他們成為專業人士。

　　根據兒童福利聯盟《2014年弱勢家庭生活現況調查報告》，弱勢以單親家庭（44.5%）最多。每家平均5個人，但工作人口只有1.3人。一半以上每月的工作收入低於最低基本工資，六成三弱勢家庭入不敷出，七成五必須借錢養活小孩，近八成四家長因無法給孩子更好的生活而內疚。家長心疼孩子因家境關係而「抬不起頭」，或被迫「提早長大」。長期弱勢造成學生「習得無助感」，容易弱化學習動機，衍生行為偏差的問題。

　　為幫助家庭資源或功能不足的學生，除了依靠學校補救教學措施，也需要社福單位給予學生心靈支持和實質援助。衛福部社會及家庭署《推動弱勢家庭兒童及少年社區照顧服務計畫》（103年2月發布），針對弱勢家庭學童課後照顧服務，進行家庭訪視及支持服務。服務家庭包括：隔代、單親、身心障礙者、原住民、外籍配偶、受刑人、經濟弱勢等，經社工員評估家庭支持薄弱、有教養困難或照顧壓力，需提供支持性、補充性及學習性服務措施，使兒童、少年獲得妥善照顧。中華民國更生少年關懷協會616幸福工作站舉辦的「弱勢家庭課後照顧班」，即是很好的例子。

　　　實質幫助方面，是指對學生的急難救助：「每人每月補助新台幣3千元，扶助期間以6個月為原則，經調查訪視如認有延長必要，最多補助12個月。」依內政部《弱勢家庭兒童及少年緊急生活扶助計畫》（105年7月21日發布），「弱勢家庭」是指：

1. 父母一方或監護人失業、經判刑確定入獄、罹患重大傷病、精神疾病或藥酒癮戒治，致生活陷困境。

2. 父母離婚或一方死亡、失蹤，他方無力維持家庭生活。

3. 父母一方因不堪家庭暴力或有其他因素出走，致生活陷於困境。

4. 父母雙亡或兒童及少年遭遺棄，其親屬願代爲撫養，而無經濟能力。

5. 未滿18歲未婚懷孕或有未滿18歲之非婚生子女，經評估有經濟困難。

6. 其他經評估確有生活困難，需予經濟扶助。

五、提升弱勢家庭學生學業成就的價值

弱勢學生學業低成就的成因，包含外在環境因素，如：缺乏學習機會、文化不利、經濟不利及教學不當。而教學不當又包含課程設計不恰當，及班級經營管理不佳等。個人內在因素，如：智力障礙、情緒障礙、行為障礙等。補救教學是經濟弱勢家庭的「希望」，學習低成就的孩子藉此獲得關懷與援助，提升自尊、發揮自我價值。這些孩子需要的不是可憐、同情，而是一個順利長大、唸書、實現夢想的機會。這些家庭功能不足的學生，不是沒有「能力」，而是缺乏「資源」；不是「不肯學」，而是沒有合適的「學習方法」。

據教育部統計，102學年度國中小學中輟學生的家庭背景，以單親比率最高，達58.6%，地區以原住民人口較密集的台東和花蓮縣比率最高。從國中小中輟學生的身分來看，原住民、隔代教養、父母為外籍配偶的比重相加，共占逾四成。國中小輟學率高度集中在弱勢家庭，尤其是新移民及隔代教養。

「經濟合作暨發展組織」（OECD）委託跨國調查「國際學生能力評量計畫」（the Programme for International Student Assessment, PISA），在2012年發現（王彩鸝，2015），台灣15歲學生數學素養雖有高表現（世界

第4），但前後段學生的學習落差卻是世界第一，相差310分，相當於七個年級。以PISA成績資料庫進行台灣國中生偏遠與非偏遠地區的學業落差比對，台灣城鄉差距2006年是OECD國家的2.6倍，2009年擴大為5.1倍，2012年差距略縮小，仍有4.3倍。學習落差跟貧富落差有高度相關，把家庭經濟狀況分四等級，最窮的孩子PISA平均497分，最有錢的孩子626分，兩者相差129分；跟亞洲其他競爭性國家相比，台灣的差距最大。

依據2012年PISA國際評比換算，台灣15歲學生12.3%未具備基本學力，其他國家如：越南為11.3%、芬蘭為10.7%、日本為10.4%、新加坡為9.8%、南韓為8.6%、香港為7.5%。OECD推算，如台灣所有學生在2030年都具備基本學力，國民生產毛額將增加8,520億美元，是目前的八成。表示投資弱勢者教育，不只維持社會正義，更可提高經濟產能價值。

台灣教育程度的M型化，確實比其他國家嚴重。部分功課好的學生在外補習，落後的同學又沒有進步，所以班內學習表現的差異更加擴大。台灣師範大學教育政策小組表示（馮靖惠，2016），我國教育體制無法創造階級流動，估計約20萬名國中小學生基本學力嚴重落後，且多數來自經濟弱勢家庭，散布在每個班級而非集中偏鄉。建議中央政府出面整合所有弱勢補助政策，將資源集中在最弱勢20%的學校與學生身上，回歸「對資源缺乏者提供較多資源」的精神。台師大教育學院院長許添明說，想讓教育維持高表現，不是強化明星學生的表現，而是帶好每一個孩子。應將「弱勢者教育」視為國安議題，「在小學階段結束前就要消除分數差距」，而非分數霸凌或智力掛帥。

衛福部統計（林秀姿，2017），2016年第一季低收入戶與中低收入戶，未滿12歲的貧窮兒童有11萬7千多人，占貧窮總人數近二成。若擴大統計至18歲以下的貧窮兒童與少年，更占總貧窮人數三成六至四成左右。他們的家庭親職功能崩解，無人管、常沒飯吃。盧森堡所得研究中心（LIS）統計，近20年來，台灣兒童近貧比率倍增。家扶基金會觀察到這問題逐年棘手，衍生出「親情外包」、「教育無法脫貧」與「貧窮世襲」的現象。

近幾年「二代貧窮」引人注目，家扶基金會表示，扶助一個家庭至少

10年，曾有四代同堂都接受家扶中心扶助。超過半數貧窮兒童家裡有負債問題，且並非奢侈消費性債務。這些孩子長大後，仍要背負家人的債務。更嚴重的是，在孩子長大之前，多數失去家庭關愛，父母忙於張羅生活而分身乏術。

民國103年，十二年國教實施，兒福聯盟發布統計指出（陳智華，2014），三成一受聯盟補助的弱勢孩子，國中會考各科成績幾乎都拿C，比全體考生多一倍。問卷調查58位國中應屆畢業生（回收46份），這些孩子在校段考平均分數三成七不及格，四成在60到69分，僅約兩成在70分以上。調查發現，這些弱勢生會考各科成績平均主要落在C，約占48.8%，成績B者約36%，考A的不到一成。全國學生拿會考5C比率只有7.4%，但兒盟弱勢生考5C的就有一成四，比全國考生多1倍，考4C的也有一成七。弱勢生的機會和資源都少，國中學業成績表現多數落在加強及基礎程度，會考成績再次印證弱勢的困境。兒盟另抽樣調查1,324個受扶助家庭，顯示51%的弱勢家庭入不敷出，常犧牲孩子的教育費用，這個現象值得重視。

貧窮世襲的情況十分嚴重（陳宛茜、林秀姿，2017），未滿12歲的貧窮兒童人數是貧窮老人的3倍，落在安全網外的邊緣弱勢兒童更多，每天生活在飯不裹腹、居住環境惡劣當中。貧窮的結構性問題強大，非孩子一己之力可以掙脫。教育陷入「家與家的競爭」，富者愈富、貧者愈貧，階級世襲情況嚴重。貧窮涉及的不僅是經濟與社會地位，還包括價值觀，也就是貧窮的孩子如何看待自己，以及別人如何看待他。貧二代認為自己的努力是「無望的掙扎」，便會與環境妥協，對翻轉未來失去信心。

李家同在2002年成立博幼基金會，其理念為：

> 我們國家一直有非常嚴重的教育落差問題，要考上建中，學力測驗一定要高達290分，但是很多鄉下的國中，平均學力測驗只有50分，有些孩子到了小學四年級，仍不會加法，到了小學五年級，仍不會減法。至於英文，情形更嚴重，很多弱勢家庭的孩子們在唸英文的時候，完全跟不上其他同學，只好放棄英文。

第二節 「補救教學」的意義與定位

《張氏心理學辭典》對「補救教學」（remedial instruction）的定義是（張春興，2007）：

> 指對學習困難學童進行適當診斷，並針對其學習問題給予特別補習教學的過程。

補救教學的對象為學習低成就學生，學界過去將「低成就學生」（under achievers）界定為智力正常但實際學業表現明顯低於能力水準者，後來進一步再區分為三種主要類型（張新仁，2001）：

> 第一類是實際學業表現明顯低於應有能力水準者，即原稱為低成就的學生。
>
> 第二類實際學業表現明顯低於其班級平均水準者，亦稱之為低成就學生。
>
> 最後一類為學科成就不及格，且其學業成就表現明顯低於其他學生者，稱之為成績低落者（low achievers）。

補救教學協助的學習低成就者，是指因學習方法與習慣不佳、學習動機低落、父母期望過高或過低、同儕影響、沉迷網路、家庭經濟與文化不利因素所造成，排除特殊教育範疇。要提升學業成績，得消除或改善造成學生負面影響的經濟、社會與文化因素；不單只是補救教學，還得有其他相關輔導措施。

一、補救教學的近似詞

㈠資源教室

「資源教室」（resource room）原為視障、聽障、語障等學童的補救教學，後來也增加對學科學習有困難的學生。但因自足式特教班是一種人

為隔離，除了可能造成「標籤化」的問題，對於輕度智障者的學習成效，也未明顯優於安置於普通班。所以後來資源教室成為介於特殊班與普通班之間，一種連續性的安置措施。學生學籍仍屬普通班，只於特定時間到資源班接受補救教學與輔導（孟瑛如，2014：2）。

我國資源教室的發展，始於民國64年台北市新興國中成立第一個資源班，以服務聽覺障礙學生為主。民國67年，教育部先在國民中學試辦協助學習障礙、學習低成就學生的資源教室方案，之後推展至國民小學及高中職。

與資源教室名稱相似的還有資源班（resource class）或資源教室方案（resource room program）、資源方案（resource program）。資源方案是多重、彈性的，服務對象不一定是特殊需求的學生，也可以是一般學生，進出較無一定限制。資源教室是介於身心障礙特殊班與普通班之間的一種教學與學習型態，學生大部分時間在普通班上課，部分時間到資源教室上課。

「補救教學」是資源教室的工作重點，依特教學生的不同需求而有教學上的差異；可以是學習技能與策略的指導，如視障學生需要學習點字與摸讀；也可以針對某項學科的補救教學，如數學科。

(二) 補償教育

補償教育（Compensatory Education）依據《教育大辭書》（國立編譯館主編，2000）的解釋：

> 補償教育係1960年代以來，盛行於英、美等國的教育改進措施。該措施代表多種不同的教育方案，目的在協助處於不利地位的兒童（disadvantaged children），克服早年生活環境的不良影響，減少其入學後課業或學習上的困難，以實現真正的教育機會均等。其中所稱的不利地位兒童，主要是指低收入或下層階級的兒童，因缺乏足夠的文化經驗或刺激，以致處於文化不利的狀況之中。

英、美等國調查發現，低收入或下層階級兒童在入學時的智商及學習準備，均不如中上階層兒童。不僅反應在學業成就上，且累積的差距逐漸增加。使低收入或下層階級兒童無法升學或受更多教育，影響其日後職業與生涯發展。發展失敗的真正原因，並非全部來自學童的智力，而是早期生活環境不良，缺乏語言能力與學習技巧。為實現「教育機會均等」，對處於不利地位的兒童，應補償其所受的不良影響，減少其學習障礙，免受出發點或立足點不平等的危害。

20世紀60年代後期，美國、加拿大、以色列等國開始實施補償教育。美國補償教育的形式包括學前班、中小學各年級課後補習班、暑期班等，服務對象是家境貧困又缺乏文化條件的兒童，以發展他們的閱讀和解決問題的技巧為主，促進他們認知的發展，培養他們的自我概念、態度以及社會性情感。英國補償教育的做法，是將貧民地區、學校設備與師資較差的地區劃定為教育優先區（educational priority area，簡稱EPA），提供教育經費給學校及學生，給教師更優惠的教育津貼，以利教育機會均等的實現。

教育優先區一詞最早出現於1967年英國《卜勞頓報告書》（The Plowden Report），其中引用英國曼徹斯特大學教授威斯曼（Stephen Wiseman）的研究結果：影響兒童學業成就之最主要因素為家庭環境，而且兒童年級愈低，受環境因素影響愈大。該報告書建議英國政府：為避免物質或經濟貧乏、不利地區兒童在起跑線上立於劣勢，危害教育機會均等的理想，應積極介入改善這些地區學校之校舍與社區環境。

法國的教育優先區政策由「地區」改為「個人化」，強調：「幫助需要幫助者」，讓有困難的學生都受到幫助。困難愈大者，幫助愈多。如：

1. 學生來自社會與職業方面居劣勢的家庭。
2. 初中一年級成績低落者（比平均成績少20分）。
3. 初中一年級入學年齡較遲者（較正常入學年齡晚2年）。
4. 學生家長失業或領取最低工資。
5. 學生家長非以法語為母語。

補助項目為：

1. **課程輔導**：將學習困難學生組成課業輔導小組，每週4天的晚間課程輔導。

2. **充實師資**：聘任經驗豐富的教員到補助學校，除了教學工作，也可以傳授教學經驗給其他教師。

3. **教學助理**：聘任教學助理人員，協助小學生或初中生課業輔導與作業練習。

受補助學校將定期接受成效檢驗，包括：閱讀能力、對教育部所提出「基礎知識」的掌握（包括法語、外語、數理資訊、社會人文、共同生活等基礎知識領域）、校規遵守（有無缺課現象）等。

我國為了均衡城鄉教育發展、縮短地區性教育差距，自1995年起執行「教育優先區」工作，補助對象包括原住民學生比例偏高之學校、低收入戶、隔代教養、單親家庭、親子年齡差距過大之學生比例偏高之學校、國中生學習弱勢學生比率偏高之學校、中途輟學率偏高之學校、離島或偏遠交通不便之學校、教師流動率及代理教師比例偏高之學校。

補助項目包括：推展親職教育活動、辦理學生學習輔導、發展教育特色、修繕師生宿舍、開辦國小附設幼兒園、充實學校基本教學設備、充實學童午餐設施、發展原住民教育文化特色及充實設備器材。

㈢ 支援系統

Mellard、McKnight和Jordan（2010）提出「三層次學習支援」（3-tier learning support）或「三層次補救教學」（3-tier intervention）模式，「第一層級」以全班學生為對象，提供高品質的教學，以達到有效教學的目標，必要時直接在原班進行補救教學。「第二層級」鎖定學習狀況不佳者，以小團體方式在課後進行密集的教學介入。「第三層級補救教學」趨近特殊教育資源班，對身心障礙而致嚴重學習落後學生提供個別化的協助。

此支援系統含有心理衛生「三級預防模式」功能，「第一層級學習支援」是全體教師的責任，若能在此加強「有效教學」或「差異化教學」，

即能預防或減少第二、三層級的人數或嚴重程度。但要在第一層級直接進行補救教學，可能有人力及時間限制，還是需要第二層級的支援。而第三層級也必須存在，因為其對象的學習問題，並非第一或第二層級能夠處理。

其他近似詞還有「學習扶助」、「課後扶助」，是指學生需要扶持而適時伸出援手的概念。「後段學生」的說法則帶有歧視意味，不建議使用。因為家庭因素而造成學習低落時，雖然學校及老師無法改變他們的家庭狀況，但卻能改變孩子。進行補救教學的同時，教師必須關懷學生的心情，教導學生正確的態度。心境的改變能促使一個人做出更大的改變，「心靈補救」比起「成績補救」更為重要。

◉ 新北市平溪區的住宿型學校──平溪國中

3 補救教學的目的

雖然我爸媽都要我繼承家裡的漁船，但我想去學習生態農業，改善綠島的土質，發展在地特有農產品！

那我要去學經濟學與企管，幫你做行銷！

綠島海邊

有考試就會有優劣、勝負，面臨了競爭，隨之而來的就是評判，是勝利的榮譽和失敗的恥辱。有些孩子受到鼓勵，可能愈來愈好；有些孩子受到挫折，可能會愈來愈差。

　　　　　　　　　　　～英國著名的哲學家、社會學家及教育家史賓塞

第一節　促進教育機會均等

　　史賓塞（Spencer, H., 1820-1903）說（顏真編譯，2003）：「不要讓分數毀了孩子。」史賓塞的觀念並非純粹的理論或理想，而是親身的教育實踐。史賓塞有個遠房堂兄，請求他一起來教育自己的孩子，於是史賓塞熱心地提供各種育兒方法。不料，堂兄竟意外去世，堂嫂含淚將2歲的小史賓塞交給史賓塞撫養。在他的「快樂教育」之下，小史賓塞14歲就被劍橋大學破格錄取，長大後在許多領域都有卓越的成就。大家紛紛來向史賓塞取經，他建議的教育方法均有顯著成效。

一、成功的意義

　　學校總與考試密不可分，為了顯現教育成效，學校會設法讓學生考出好成績。但追求好成績的同時，卻要付出「得不償失」的代價。史賓塞尤其擔心考差所帶來的挫折感，「低分很容易給孩子差和無能的暗示」（顏真編譯，2003：182），但得高分也不完全獲利（顏真編譯，2003：182）：

　　　　一個受這種刺激而學習的孩子，很容易失去學習和求知本身的樂趣。他很少去發現知識，相反的，他會不斷去滿足標準答案。看起來，他是一個優秀的學生，但失去的比這更多。

若父母的觀念不正確，更加速其惡性循環。史賓塞說（顏真編譯，2003：182）：

> 許多父母由於不明白分數真正的涵義，同樣也採取憤怒的態度，又加重了孩子的挫折感。……而那些得到低分的人，警惕只能增加不快樂的心情，有的甚至從此一蹶不振。

「評分」本在了解孩子的學習狀況，以便研擬後續的輔導策略；是學習診斷而非最終結果。考低分時，要給予扶助或支援，化解其學習障礙。可惜許多父母不能「同理」孩子的困擾，看到低分，就覺得一定是懶散、不用功，強迫孩子投入更多時間及心力讀書。除了去補習班，還常「犧牲」孩子的睡眠、運動及休閒。萬一還是考不好，有些孩子為了避開讀書的不快樂，索性自我放棄，置身於考試競爭之外。在注重考試分數的教育環境下成了難以翻身的失敗者，其他才能卻無從探索與發揮，這樣公平嗎？

我國的「科舉制度」自隋文帝（西元598年）至清光緒30年（西元1905年），共1千4百年。「狀元及第」的觀念深入人心，如今轉型為「分數取人」。只有成績前3%至10%的「高分組」，才值得栽培及獲得更多教育資源嗎？若考低分與環境的弱勢有關，卻不給予「補償」，這算公平嗎？

台灣大學地理系教授賴進貴製作「地圖‧台灣」月曆，以地圖方式為某些「現象」發聲。民國102年，他分析「第一志願──國立台灣大學」的新生來源，發現台北市大安區最多，每100名學齡人口就有6.7名台大生，每14人就有一人上台大。其次依序為：台北市中正區、松山區、文山區及新北市永和區。花東等鄉鎮，要兩、三百人才有一人唸台大。賴教授分析15到17歲的「不在學比例」，結果剛好相反；山區、原住民部落和西部濱海一帶最高，同樣反映出教育的城鄉差距。

每當大學指考或高中基測成績公布時，媒體大都集中報導分數最高的少數學生，多數考不上「頂尖大學」的學生，能力並不差，對社會一樣有

貢獻，卻因分數低而挫折及自卑，無法安心與積極地開創自己的未來！

二、真正的平等

國家競爭力需要各式人才團隊合作，如孫中山先生在《民權主義第三講》談到「平等的精義」：

> 世界人類其得之稟賦者，約分三種：有先知先覺者，有後知後覺者，有不知不覺者。先知先覺者為發明家，後知後覺者為宣傳家，不知不覺者為實行家。此三種人互相為用，協力進行，則人類文明之進步，必能一日千里。

每個社會成員的努力，都應得到同等肯定。聰明才智愈高者，應承擔愈多社會責任。中山先生說：

> 要調和三種人使之平等，便要人人以服務為目的，而不以奪取為目的。聰明才力愈大者，當盡其能力而服千萬人之務，造千萬人之福。

中山先生說：「天之生人雖有聰明才力之不平等，但人心則必欲使之平等，斯為道德上之最高目的。」教育工作者需承擔促使「教育機會均等」的道德責任，觀念上要肯定每個人才賦不同，尊重個人特質與價值。入學制度上則強調努力與潛力，避免學生受限於考試分數，而喪失「展能」的機會。

盲人歌手蕭煌奇演唱「逆風飛翔」，聽來頗為悲觀：

> 不夠聰明，你說你注定失敗很澈底，很努力總是得不到肯定。不夠幸運，你說你注定飛不上天際，就快要失去繼續的力氣。

　　這也提醒教育決策者應依學生特質及能力，提供充分的教育資源與機會，使他們充滿自信為自己及社會奮鬥。尤其是教育弱勢者（偏鄉地區，及基測、會考成績後段者），不要讓他們覺得努力無用而提早放棄。

　　有能力的家庭可幫助孩子進入更好的大學（包括出國），另一端的家庭根本考慮不了那麼多；因為家庭經濟壓力而使孩子只能讀到高職，甚或輟學而提前就業。他們複製父母的生命模式，年紀輕輕即成家生子，然後迫於生計而無力照顧子女，讓第三代繼續複製前兩代的人生。

第二節　關懷成績弱勢，提升基本學力

　　教師不僅「得天下英才而教之，一樂也」，對於學習低落的學生，也要保持警覺、擁抱希望，而非「習慣」學習低落的現象，認為「理所當然」。學生學不來，需要老師家庭訪問、個別輔導、課後加強等及早「補救」，以免學習缺口愈裂愈大。老師自己要不斷自我檢討、更新教材教法、繼續學習新知，避免教學熱情及能力不足，而「製造」學習低落。

　　北宋文學家及史學家司馬光說：「才德全盡謂之『聖人』，才德兼亡謂之『愚人』；德勝才謂之『君子』，才勝德謂之『小人』。」我國教育改革應著重「德勝於才」，對於有才華的孩子或資優生，加強「品德教育」而非「高分者強」；對於跟不上學習腳步的學生，要了解真正的原因，如家庭背景、文化不利或學習技巧不足，需要「額外」給予幫助。菁英教育與補救教學之間並不牴觸，即使某些學生的強項不在學科，找到其他的舞台，仍需要具備「基本學力」。

　　民國94年，教育部首次辦理「學生學習成就評量」，受測一萬多名國小六年級學生，將近兩成數學科未達基礎水準，英文則有5%的學生無法聽辨26個字母。這些「成績弱勢者」該如何補救？教育部撥專款針對「都會地區班級成績後5%」、「非都會地區班級成績後25%」的學生，以及當年度國中基測成績PR值低於10的考生數達25%以上的國中，使其申請一名教育部儲備之教師，擔任補救教學的專門師資。

　　但以「都會地區班級成績後5%、非都會地區班級成績後25%」為標

準，足以補救所有「學習弱勢者」嗎？若某一班數學及格者17人、不及格者22人，不及格中未滿30分10人，占全班26%。依教育部「非都會地區班級成績後25%」的標準來看，仍然幫助有限。因為，30至59分的12人，不在補救教學的範圍。再者，僅以一名補救教學專任教師，其經驗、能力與時間，足以負起「拯救」全校成績弱勢學生的責任嗎？

　　儘管如此，補救教學還是得做，如德蕾莎修女在加爾各達「兒童之家」牆上所寫：「人都會同情弱者，可是只追隨贏家；但不管怎樣，還是要為弱者奮鬥。」這段話原出自肯特・齊思（Kent M. Keith）讀哈佛大學二年級時，為高中領袖訓練營所寫的訓練手冊，「領導者的矛盾十戒」第七戒（《不管怎樣，還是要……瘋狂世界，矛盾十戒》一書，中文版由「大塊文化」出版）：

　　　　不是所有弱者都是對的，也不是所有弱者所遇到的課題都是重大的。不過，有一些弱者和他們所遇到的問題是值得重視的。將來，回顧一生，說不定你會說，幫過那幾個弱勢者的忙，是你所做的最有意義的事。

　　所以，補救教學的政策可以調整卻不能停止，李家同發現，社會其實並不重視弱勢兒童，但他並不因此悲觀，仍持續幫助「成績弱勢」的孩子，他說（2004）：

　　　　對一位在學術上拿到無數獎項的人來說，國中的這些課程，學起來應該是易如反掌，怎麼會有人學不會。所以教改專家們一直埋怨我們的中學生太可憐了，唸書唸到半夜。他們不知道有一票後段班的學生，每天在那裡玩，老師根本不管他們。他們也以為自己是笨小孩，英文、數學一定學不會的。老師幾乎放棄了他們，他們當然也放棄了自己。

● 努力改變「教育機會不平等」的偏鄉教師團隊（桃園市大溪區
永福國小）

李家同認為應聘請更好的老師、使用較淺顯的教科書，才能真正幫助這些「成績弱勢」的孩子。他們不是笨，多半因為家庭社經條件較差，缺乏文化刺激；只要得到特別的照顧，也能有好成績。但在目前常態分班的制度下，任何一位老師都做不到同時兼顧學業成績的高、中、低組，因為：

　　畢竟時間有限，老師必須將他有限的時間，顧到中間程度學生的需求；功課特別好的，或者功課特別差的，都不是老師可以照顧的對象。

李家同認為，老師雖沒照顧到功課特別好的，但這不必過於擔心，他們的父母通常注重教育或有條件讓他們補習或請家教。但功課特別差的，可能就沒有其他辦法了。因此，李家同帶領大學生與鴻海、聯電企業等志同道合者，於民國92年設立埔里中心推動博幼計畫，其理念為：

　　我們該注意的是：大多數功課不好的孩子來自弱勢家庭，大多數弱勢家庭的孩子功課也會不好。弱勢家庭的孩子功課不好，使他們長大成人以後，相對缺乏競爭力，缺乏競爭力的人

當然又是弱勢團體的一分子，因此我們必須知道，如果這種情形繼續下去，我們國家的貧富不均問題，勢必愈來愈嚴重。

要停止這種惡性循環，我們必須拉拔弱勢孩子們的學業程度。我們發現弱勢孩子們往往回家不做功課，或者不會寫時，家長根本也沒辦法教導。博幼基金會就在這種思維中成立了，我們的工作是吸引弱勢孩子晚上來到我們這裡，我們請專人協助教導他們的課業。以埔里為例，孩子們每週五天會來到基金會，每天2-3小時，一切都是免費的。

國民教育階段各種程度的孩子都有，以較樂觀的角度而言，一個班級有三分之一的學生令人滿意，三分之一中等，最差的大約五分之一。如何對待不同的孩子？尤其是程度較差的孩子。成績好的有主動力，不教他也壞不到哪裡去。中下程度的孩子最需要老師，能把這類學生教得有進步才是好老師。有些學生的抽象智力尚未發展出來，需要老師不厭其煩、有耐心的跟他說清楚訣竅所在。賈馥茗（2007：114）認為：

> 個性有偏差的、能力低的，才是最需要教育的。這兩類學生有一個共同的需要，需要老師「溫馨」的同情與了解，用「關心」表示對他們的「重視」，即是「尊重」。他們受到老師的重視後，才肯「自尊自重」，才肯「努力向上」，不致因「自卑」而「自暴自棄，自甘墮落」。

國民教育階段沒有留級制度，即使大多數科目不及格，也能拿到畢業證書。教育部於民國103年修正《國民小學與國民中學學生成績評量準則》，將領取畢業證書的門檻轉嚴，七大學習領域由三領域及格增加為四領域，才可拿到畢業證書。原本的規定造成只要健體、藝術與人文、綜合三領域及格，學科成績都不及格也可以畢業。教育部國教署表示，及格領域從三增為四，是為了重視國民教育的基本能力。據評估，調高標準後，無法拿到畢業證書的學生勢必提高，有必要建立預警及補救的配套措施。

《評量準則》新增每學期領域成績不及格者須補考的規定，且先進行補救教學後再補考。如《準則》第10條：

> 學校應結合教務、學務、輔導相關處室及家長資源，確實掌握學生學習狀況，對學習表現欠佳學生，應訂定並落實預警、輔導措施。
>
> 學生學習過程中，各學習領域之成績評量結果未達及格基準者，學校應實施補救教學及相關補救措施；其實施原則，由直轄市、縣（市）政府定之。

教育部國教署強調，學校應隨時觀察學生的學習情況，決定如何隨時補救；而非等國三才知基本學力不足，老師與家長平常要用心看待學生的學習情形。但是學校方面還是很擔心，已舉辦兩次以上補考，很多學生還是不及格。雖然教育部立意良好，可是在七年級進行補救教學還勉強有效；到八年級甚至九年級若英、數、理、化的基礎沒有補回來，再多的補救教學或補考都成效有限。

十二年國教的宗旨是希望每位學生進入高中，都具備基本學力。過去的補救教學大都集中在七年級，以縮減國小進入國中的課程落差。後來補救教學從兩門主科增加到三門（國、英、數），七、八、九年級統統開班。教育部於民國102年9月針對國、數、英三科，各校小二到國三（英文為小四到國三），班上該科成績排名倒數三成五的學生，均須

● 只要有心，處處都能幫助學生克服學習困難（詹永名老師在超商為學生補救教學）

檢測該科上學年的基本學力，若不及格，在家長的同意下，利用課後時間補救教學。檢測結果發現，國、數、英等分別有一成五、一成八、7%學生不及格，即約六分之一學生主科不及格。尤其英、數兩科，年級愈高，不及格的比率也愈高。小四生的數學已逾兩成不及格，顯示學生若學習基礎沒有打好，後來會愈來愈跟不上。數學最為嚴重，小二只約7%不及格，小四倍增到一成五，到了國一已有兩成五不及格。以英語科來說，小四不及格者不到3%，到了國二已逾一成五。

自103年起，連續五年的會考成績顯示，每三名國中生就有一名英語或數學拿C（待加強，未達基本學力），而且整體進步幅度有限。如表3-1所列：

表3-1　國中會考國文英語數學「C級－待加強」之比率（103-106年度）

	國文	英語	數學
103年度	17.34%	33.73%	33.40%
104年度	17.98%	33.20%	33.22%
105年度	16.67%	31.54%	31.98%
106年度	16.53%	30.62%	30.15%

雖然「減C」行動迫在眉睫，但教育現場仍有許多質疑：為什麼要用成績來判定學生的未來？為什麼不能適性發展、多元揚才？都市往往是過度學習，偏鄉卻是學習不足，實在不應用同一套標準來衡量。

「C級」的成因盤根錯節，關乎家庭背景、社區環境、遺傳、學校教學、評量方式、文化資本、語言能力等。很多人談到學力低落，就認為每年投注十幾億教育經費的補救教學成效不彰；較少有人思考，若學生在白天一週四、五堂課都無效學習，怎能奢望一週一、兩堂補救課程，能神奇的提升成績？

「減C」不應該是國中的事，補救教學愈早開始愈好。15歲拿到C級的「待加強」，是多年學習挫敗的結果。這些在老師眼中「沒有學習動機」、「程度差」、「自我放棄」的孩子，開始時也曾對學習懷抱希望，

也會想辦法改善現況。若得不到適當協助，愈來愈落後就愈來愈難以補救。所以補救教學應往前端挪移，從小一就開始。教育部強調，以前是經濟弱勢加上學習弱勢者參與補救教學，現在只要發現學習不足，就應及早補救教學，補救的起始點應提早一些。像蓋房子一樣，愈是蓋高樓，基礎要愈穩固。

真正有效的「減C」，應該聚焦於學校「每一堂課都在學」、「孩子進課堂就知道是要學習的」。只有專業的老師、穩定的師生關係，才能讓學習弱勢的孩子感受到有許多人不放棄他，他才不會輕易放棄自己。

第三節 更好的教育品質

確實的補救教學，不僅能保證國民教育的品質，也能提升高等教育的水準。因為，學業低落的問題不只是中小學老師需要面對。以今日我國高等教育的普及率來說，某些大學一樣希望教育的援助，來提升大學生的基本學力。例如：在某所位處偏鄉的私立科技大學任教的G教授，他從公立大學退休後轉任這所私立大學，4年來只能用「震驚」兩字形容。他發現，在此教學所費的心力，比起退休前的公立大學，多了不只一倍。G說：

> 　　今日我能站上講台，何其有幸，能將當年老師們的恩澤回報於學生身上。若能見及學生的成長、改變與自信心的提升，特別是這些改變發生在許多方面不利於社會競爭的後段大學生身上，我的高興比當年在國立大學教學的成就感尤有過之。這樣的愉悅，也成為我繼續改變學生的動力。
>
> 　　教育的環境歪變，教育主政單位雖急於引導高等教育前進，但從過去的一些政策（計畫、評鑑、方案……），我懷疑主政者與熱愛教育的一些人士，對「教育第一現場」的了解，可能不太準確，尤其是中後段班的大學生。

就「學習動機」而言，在我服務的這所技職大學是飄渺於空中的理想，但這還是第二層次、可待會兒處理的事情。首要的問題是……，有些不好意思說……，如何讓學生能生活正常──正常睡覺、正常起床？如何有錢花用？如何上學不穿拖鞋？如何上課記得帶「原子筆」？許多學生兩手空空走進教室，他們來幹嘛？答案是，來接受點名。學校規定每學期六次點名不到，就扣考……。

對不算少數的學生而言，學習動機有點難，因為他們沒有未來觀。對另一部分的學生，他們帶了筆、穿鞋子、守秩序，很好！我很高興。但因他們的成長過程──國、高中職時期就是末段班、末段學校、低學習成就者，老是墊底，從未被褒獎、肯定過。加上部分來自低收入家庭，自卑感已成形。進到大學雖有一點大人樣，但「大部分」時候不敢表示意見、不敢問問題、不太會討論、不習慣講話……，更不要說家庭因素導致的心理障礙。部分學生天真、無邪，分不清場合，無法辨識是非……。部分學生叛逆、有江湖味……，部分學生要打工、上夜班，賺取生活費；於是，上課就只想睡覺。

我校的學生大部分是「統測」排在後面的人，這樣的背景使他們的學習動機十分低落。但我們沒有放棄，去年的技職校院評鑑，我系與另一所國立大學相同的系獲得評鑑一等，遠優於其他同組的10所大學。

老師與學校行政單位絞盡腦汁與少部分可驅動的學生，努力做出一些績效。透過績效與榮譽，讓學生感同身受、與有榮焉。於是學生一點一滴的喜歡我們的系，安心的留在這個系裡；我們一步一步融化他們久已蟄伏的心，啟動一絲絲學習的動力。

系上透過制度的設計，例如課程與證照結合，讓學生漸漸學會技能與知識，建立起自信，找到屬於他們的成就感。另外從全面性的實習課程，讓學生與社會接觸，體會學與知的不足，回過頭來加強學習。面對這樣的學生與私校背景，我們要付出比公立學校多幾倍的心力，才能建立學生正常學習的環境。

> 　　教育部的計畫都很好，但與學校的第一現場有所差距。真能惠及學生的是改善學生的「思考能力」、「自卑心」、「行動力」、「活動力」、「提升成就感」、「降低憂鬱」、「生活管理」、……，當然「改善體能與體態」也很重要。這些問題解決了，才能使後段班的大學生獲得「人生的永久力量」，之後，專業的學習才易如反掌。後段大學的教育問題，是教育災區之一，我為這些弱勢學生心疼。

　　使大學生能正常睡覺、正常起床，上課不穿拖鞋、記得帶一枝筆，這些是大學教授的責任嗎？但對於位居偏鄉的大學及學習成就與動機低落的大學生來說，若不能解決他們的睡眠問題，自然容易缺席或在課堂上睡覺。教授若能施展權威（魅力）與關懷（技巧），要求與協助大學生起床及準時上課，這也是教育熱忱及教育愛的展現吧！至於提醒學生上課要帶一枝筆，由此可見某些學生的學習技巧多麼欠缺，其他如做筆記、發問、討論、發表、團體作業等，教授若不先協助培養學生學習技巧或策略，教學任務就無法達成。這些專業之外的付出，應該也算是補救教學吧！

● 經過引導，文大學生早上8點第一堂課認真向學，很少翹課

　　像G這樣充滿正能量、默默耕耘的大學教授其實不少，如報載（周宗禎，2012），台南私立遠東科大有位「泡麵鮮師」，是電腦應用工程系的助理教授林欽澤。研究室裡堆滿泡麵、八寶粥、奶茶，只要學生口渴、肚子餓，隨時可以自由取用。多年前他得知有學生曠課太多將被退學，他到學生的家裡一看才知，這學生是個孝子，與隔代教養的祖母相依為命。除了需要打工維持家計之外，每天早上還要為長期臥病的阿嬤煎藥、餵藥，所以第一堂課經常遲到。林教授年輕時也窮過，於是開始對學生伸出援手。有清寒學生中午不吃飯，他就在研究室準備各種泡麵與點心免費供應。2008年金融海嘯，來研究室吃泡麵的學生最多。泡麵鮮師的「私密雜貨小鋪」，成了許多學生甜美的回憶。

　　我在多所大學任教，本以為只要嚴格執行上課規範──不遲到、不進食、不睡覺、不使用手機，上課氣氛即會積極許多。近幾年發現一個愈來愈明顯的異常現象，一班60人竟有10個左右「消失」，包括少數中途棄修及好幾位只來一、兩次就失蹤或從未來上過課的學生。以往一班頂多2、3位同學缺席，現在的缺席狀況像骨牌效應似的一路倒。

　　2014年，公益平台文化基金會董事長嚴長壽在成功大學演講時說，台灣大學太多已造成災難，一名私立大學老師寫信給他，還附上照片，表示班上有60名學生，平常只有20人上課，來上課的還睡成一片，校長卻叮嚀不能當掉學生。大學生「失蹤」或上課睡覺的原因如：早上8點的課起不來、覺得課程的要求或作業太多、打工太多與太累、所讀學系不符個人志趣、家庭問題，其他還有：找不到自己的生涯目標、時間管理的能力不足、無法建立自信、無力提升學業成就等。這些問題嚴格說來，都不應到了大學才解決，而是從國小就要開始努力及預防。

　　每個人的資質與性情不同，所以學習的方式與步調也應該不一樣。若強求學生都要成為同一「樣板」，不僅不可能，而且會打擊學習士氣。唯有從學生的個別特質著手，訂定專屬的學習目標；讓他依自己的速度前進，才能持續的學習。

　　要培養學生良好的學習習慣，不是一件容易的事。「冰凍三尺，非一日之寒」，融冰也非一日之功。教育工作者只能「春風解凍，和氣消冰」

（菜根譚），有耐心的慢慢感化學生。大學教授也得自我激勵，保持「教不厭，誨不倦」的正向士氣，不斷嘗試「師生雙贏思維」的教學策略。對於大學生進行「個別談話」，讓學生有機會透露自己的問題，才能深入了解與幫助同學。授課之外，多花一些時間幫助學生是值得的；學生會因老師願意傾聽、給予關懷，而更正視自我的價值。在教育現場，教師的價值是什麼？相信是「愛」、「包容」、「尊重」和「理解」的溫度，這些屬於人的價值，永遠不會被機器取代。

如何重建大學教育的價值、提升學習動機，除了依靠個別老師的努力與魅力，還需校方制度面的改善，如：落實學習輔導，進行補救教學。以免「學力」日益低落，即使拿到大學文憑仍然「學歷無用」。教育部在加強中小學階段之補救教學時，也應正視大學生「消失」日多的事實，將補救教學銜接到大專校院。

4 ▸ 快來加入偏遠地區的教育工作

為了更全心照顧學生，我在這裡蓋了一棟房子，裡面還有一個教室，放學後同學可以來學習喔！

這就是真正的投入偏鄉教育嗎？不只買房子，還要在下課後繼續教學？偏鄉老師都是超人嗎？

> 一個學生就是一個家庭的希望，扭轉人生的希望，就從學校開始。
>
> ～池上國中熱血教師詹永名

第一節　扭轉偏鄉孩子的命運 ── 熱血老師

詹永名是大家公認「最愛衝刺」的熱血老師，常帶著學生一起衝刺人生。從前他住台東市，每天清晨5點就開車去池上國中，晚上10點才回家。百萬大紅跑車與周杰倫《頭文字D》同款，雖然帥氣但令人擔心，因為他總是開得太快了。永名開玩笑地說：「警察知道我們是為了學生才開快一點，不會開罰單啦！」如今池上鄉把詹永名留下來了，他與曹仲宇一起為偏鄉教育打拼，在池上鄉蓋了屬於自己的房子。這是一棟三層樓的建築，一樓幾乎都保留給學生讀書、學才藝，樓上留了房間給來池上「遊學」的朋友住宿。最神奇的是，屋外還有一畝田，可自耕池上米。

10多年前，詹永名到了偏鄉，才知和想像的差距有多大。在貧窮的社區裡，學生搶著打包營養午餐，做為全家晚上的伙食。70%學生來自經濟弱勢、高風險家庭，家庭功能只能依靠學校來幫忙補強。

一、扭轉人生的希望從學校開始

教育部表揚補救教學的學生楷模──池上國中溫俊惟同學，他原是打架鬧事的「校園小霸王」，曾拿椅子摔老師，上課就睡覺、成績倒數第一，數學段考只

● 詹永名（右）與溫俊惟

考2分。溫俊惟翹課在校園閒逛，看到詹永名認真上課、努力搞笑，教室充滿笑聲；他決定「給老師面子」，認真聽一堂課，竟意外翻轉他痛苦的學習經驗。

溫俊惟問永名：「如果我每節下課都來問你數學，你會不會覺得煩……」從此，每天早上6點半，溫俊惟就在教務處門口等永名來上免費的數學家教。每節下課短短10分鐘，他也要問一道數學題。溫俊惟看懂數學題目之後，不僅自願當數學小老師，連國文、理化成績也跟著提升，學期成績從最後一名進步到第12名，拿到補救教學績優學生獎學金6千元，是他生平第一次因為用功讀書而「賺到」的錢。溫俊惟說，改變一切的是永名老師，以前他從來不知道上課要為自己負責。

偏鄉學校的孩子，幾乎每家都有爸爸或媽媽離鄉到外地工作的情況。家裡沒有書桌，就在餐桌上寫功課。祖父母看電視很大聲，很難專心唸書。也有的爸爸長期失業在家，罹患憂鬱症或借酒澆愁，喝醉時就情緒失控拿酒瓶砸人。在這種環境下長大的孩子，幾乎注定一輩子平庸，很難脫貧。

詹永名覺得自己的人生任務，是讓這些孩子升學或獲得更好的工作。以女生來說，至少可以考上求職的第一志願——慈濟、馬偕護專，免學費、供住宿，畢業後到大醫院當護士，一個月努力加班就有6萬元薪水，寄3萬元回家，整個家庭就翻轉，弟弟、妹妹就有錢補習、學才藝，爸媽不用再那麼辛苦。

永名第一次任教的學校——太麻里金崙社區賓茂國中，多數的家庭學習環境不佳、沒錢補習，所以他每天晚上及週六免費幫學生課輔、陪他們讀書。社區的生活很無聊，連個書局都沒有，永名就在學校圖書館設了一間愛心書坊。他募到30萬元，買下新書排行榜前一百名的好書，讓大家喜歡來圖書館看書。

調到池上國中，他一樣為學生課輔，不同的是，有更多老師一起加入，輪流陪伴學生讀書。池上國中的學生不用再每年問：「老師你明年會不會留下來？」雖然半數老師不是當地人，平均年齡僅31歲，但他們在池上的年資卻超過4年。永名和這群老師把教室變成溫暖的家，學生不論詢

● 詹永名在偏鄉任教（台東賓茂國中）

問課本或人生問題，老師隨時都在。學習成就低落的孩子變得熱愛學習，
甚至願意參加永名老師清晨的家教及夜間的自習班，當然全都免費。

　　為什麼要留在台東？永名說：「台北不缺我一個老師，比我厲害的多
得是。在這裡，他們很需要我，我可以發揮自己的能力幫助他們。如果我
離開，他們就什麼都沒有，所以我留下來是很有意義的。」當初他只是抱
著新鮮、好玩的心情，報名彩虹婦女基金會與基督長老教會合辦的偏遠地
區教育生活體驗營；到了偏鄉才發現，弱勢團體從來沒在台灣消失過，偏
鄉急需各行各業有熱情、有理想的人助一臂之力，尤其是教育人員。

　　偏遠地區長期缺乏就業機會，許多家長被迫把小孩及老人留在這裡，
夫妻兩人到西部工作，隔代教養衍生的教育問題可想而知。加上文化刺激
不足，老師相對地變成學生成長過程的關鍵人物。因為父母不在，祖父母
無力管教，學校只得請老師開設夜間與假日課程陪伴孩子唸書。偏鄉沒有

補習班，學校老師肩負家長及補習班的功能。偏鄉家庭的經濟狀況較差，老師還得出錢替學生買參考書、募款讓學生參加畢業旅行。因為缺乏文化刺激，老師需要花更多心力激發學習動機，做更多的「常識」補充。因為教育經費拮据，老師常在學期中被告知經費不足或政策改變，請老師選擇停止課輔抑或義務課輔，教師的決定總是後者。

社區、家長都幫不上忙時，教師肩上的責任就加倍沉重。文化刺激不足是長期的問題，家長被迫離鄉找工作是經濟不景氣的問題，指責哪個單位都不會立刻見效。而一向被視為短期看不到效果的教育工作，卻成為學生翻身的最快捷徑。許多年輕的教師，被這裡的教育環境與社會生態嚇到，然而責任愈大、付出愈多之後，感動也自然增加。學生在老師的鼓勵下考上護專、當了護士，整個家庭改變了，弟弟、妹妹有正常的三餐，可以買兩套制服替換，不用擔心繳不出畢業旅行費用，你會覺得自己為社會做了點事。當孩子看到你的用心而不再翹課、不再惹事，你會知道自己替社會減少了一個黑道分子。當學生因為你的鼓勵，數學成績從10分進步到及格，你會驕傲自己的教學功力真有兩把刷子。

永名常告訴新進教師：都市不缺你一個教師，但這裡缺。不是城市不需要好老師，而是這裡更需要！教育熱忱不就應該放在最需要的地方嗎？教育愛不就是要散發在教育資源最貧瘠的地方嗎？自認教學功力一流的你，偏遠地區不就是讓你一展長才的最佳舞台嗎？教育理論、教學原理是否有效，不到偏遠地區怎能說服社會大眾？人生需要多一點衝動做不一樣的事，留下來，這裡的感動絕對是加倍的。在偏鄉，當老師的樂趣可以完全彰顯，你將帶給孩子一輩子的感激以及社會進步的動力。

二、成功背後──故事的真相

溫俊惟的故事在新聞報導下激勵了許多人，無論是負責補救教學的教師或正為成績煩惱的學生，無疑都是一劑強心針。媒體的妙筆生花，無私的教師遇到浪子回頭的學生，完成了改頭換面、麻雀變鳳凰的故事。這樣的情節，的確可以打動人心、振奮士氣。從2到96分是真實的，只是背後還有兩個值得了解的故事。

● 詹永名老師的偏鄉教學經驗分享

【故事一：幸運的收割者】

　　溫俊惟畢業前夕，永名問：「小惟，2年前你為什麼願意跟我學數學？」永名心想，這答案莫過於「因為老師的教學生動活潑」、「你很幽默風趣」、「解題技巧高超」等。然而，小惟卻回答了一個讓永名沒有想到的答案：

　　　　在我小學四年級的暑假，台北來了一群大學生教我們寫作業。當時有一位大哥哥負責教數學，那一個月我突然發現原來數學沒有那麼難，我居然可以聽得懂。但學校的老師怎麼講得那麼抽象、那麼難懂？我當時在想，如果哪一天我也遇到那麼有趣的老師，我的數學成績絕對會變好。結果國二那一年，我就遇見了你……

　　原來，早有人為小惟灑下希望的種子。當年教小惟的大學生，也許覺得自己沒有發揮作用；事實上這顆種子已經生了根，等待適當的時機發芽、開花。

　　由這件美事看出，栽種雖不在我，而收割卻在我。永名常以這件事勉勵第一線的教師，不要急著看到孩子改變，不要因為孩子沒有進步而沮喪。有時我們是孩子生命的播種者，有時我們是耕耘者，更有時我們會是幸運的收割者。不管哪一類身分，我們都要全力以赴，成為孩子的引導者與陪伴者；並且為孩子禱告，希望他的生命中，可以遇到更多用心的好老師，陪伴他成長。

　　「老師，你知道我開始決定每節下課來問你數學的第一天，放學後發生了什麼事嗎？」小惟上高中後第一個暑假，回學校找永名分享高中生活時，問了這個問題。

　　「大家開始對你刮目相看吧！」永名回應。

　　「我被狠狠揍了一頓」，他一派輕鬆的回答。

　　「原本跟我一起混的那群人，覺得我背叛了他們，所以他們決定給我一個教訓。只是他們沒想到，第二天我還是每節下課跑去找你問數學。」

　　「所以，第二天放學，他們該不會又揍了你一頓吧？」永名問。

　　「沒錯，他們又在我家巷口等著揍我，只是，這次我反擊了。雖然被打得更慘，但之後他們不再找我麻煩了。」

　　小惟告訴永名這個黑暗故事，他的臉上露出得意的笑容，但永名卻自責得想哭。當我們處理學生問題時，總天真的以為自己是正確的、是為孩子好，卻沒有留心背後的小細節。當我們責怪學生不寫作業時，卻不了解他的家

● 溫俊惟送給詹永名恩師的畫作

庭環境；當我們責怪學生成績退步時，卻沒發現他的笑容愈來愈少；當我們責怪學生老是穿錯服裝時，卻沒發現長褲下新舊不一的傷痕。

小惟的故事固然真實，但翻轉人生絕非易事，除了下定決心，還得面臨更多挫折與灰心。改變的第一天，要面對的不會是成績突飛猛進、同儕拍手叫好。相反的，可能是更大的挫折與同儕的揶揄嘲笑。老師可以更細心的察覺並給予幫助，將使改變的第一天，變成美好的第一天，而不是灰暗的開始。

小惟的數學習作上寫著：「看我的理解對嗎？」他把是非題每題對或錯的理由都整理出來！教書11年來，永名第一次遇到願意把是非題這樣寫的學生。到後期，小惟開始習慣用不一樣的解法，代表他的數學邏輯更強了。

【故事二：讓學生安安穩穩的睡上一覺】

直到今天，永名還是深信「沒有教不會的學生，只有不會教的老師」，而且他指的不只是教「書」。

「那個王筱麗（化名）到底怎麼了，上你們的課也都這樣嗎？」

「ㄟ，我已經上得夠有趣了，為什麼她還可以一直打瞌睡？」

「中午一定要把她叫來，好好訓斥她一頓，再把她的家長找來……」

一回到辦公室，永名就氣憤地表達剛剛上課時的不滿，枉費他如此認真備課、設計學習橋段、問答遊戲。

「只要她願意聽，我敢保證，只要一節課，她也可以像其他同學一樣，搞懂這個方程式。」

「真的很可惡耶！我花了那麼多時間在設計課程……」永名繼續大聲的碎念……

碰巧路過的學務主任聽到了，過來拍拍永名的肩膀，約他中午去她的辦公室吃飯聊聊。那頓飯讓永名對「把書教好」這件事，有了更深一層的想法。

學務主任緩緩說了一個永名從沒想過的狀況：

「你知道王筱麗為什麼上課都在睡覺嗎？那是因為她每天晚上都被喝醉酒的繼父趕出來，不能在家裡睡覺。一開始她還可以借住同學家，時間

久了同學也不願意，她只好躲到國小走廊睡。天氣這麼冷，當然沒辦法睡好。」

「爲什麼不安置呢？」永名有點氣憤地說。

「不是學校單方面希望安置就可以，筱麗的媽媽堅持不配合。」學務主任無奈地回答。

「你們爲什麼不……輔導室呢？他們不是應該也可以……」永名激動地繼續提出對學校輔導措施與整個社會通報體制的不滿，當下其實最想責怪的，是自己這個搞不清楚狀況的老師。還記得踏出學務處辦公室時，永名像洩了氣的皮球，不斷反問自己：

> 都什麼時候了，你還在告訴筱麗學習數學對將來有多重要？筱麗現在需要的不是分組合作學習，不是補教教學，而是好好睡一覺。當基本生活都出了問題，你居然還在想怎樣讓她認眞上課？

往後一個月，永名一反常態，讓筱麗安穩地在課堂上睡覺，還刻意放低音量。筱麗需要的不是搞懂一元二次方程式，而是好好睡個覺。後來永名成功地說服筱麗的母親報警，向法院申請保護令，並尋求鄉公所的經濟協助。就這樣，一個月後，筱麗的成績突飛猛進。永名認爲，這當然不是他很會教「書」，而是因爲他幫忙解決了影響筱麗學習的環境問題。

這件事過了很久，對永名的教學仍有極深的影響。需要補教教學的孩子，有許多因爲老師的積極教學，成功翻轉了學習劣勢。但是當孩子對老師的教學沒有興趣，甚至不願意學習時，老師或許不用急著檢討自己或認爲學生出了什麼問題。有時費點心看看，是不是有非教學的因素？先排除那些問題，教學才可能成功。

最後，永名想期勉和他一樣在教育第一線努力奮鬥的老師：補教教學沒能看到成效，不一定是自己的教學不好，可能是孩子的生活或人際關係出了問題。適時地運用資源幫助他們解決困難，往往會有意想不到的好結果。

二、就是要為學生補救教學

　　永名說，如果撇開自己曾是教務主任的身分，無論是「教育優先區」、「攜手計畫」或現在的「補救教學」，推動這些方案的目的，就是把學生的學習興趣與基本能力培養起來。然而，有些決策者卻把重點放錯地方。按照常理與發展脈絡而言，補救教學應該是最趨完善的計畫；因為目前推動的補教教學策略，結合了教育優先區與攜手計畫，然而事情卻不盡如此。

　　就補教教學「目標學生選定」來說，除非特定學習扶助學校如：原住民學生占全校學生總數40%以上，或核定有案之各級離島學校或住宿學生總數占全校學生總數30%以上者；就只能找全班後35%的學生進行「前測」，未通過測驗則成為補教教學的目標學生。按都會學校的算法，全班30人的後35%約11人，若這11人全數未通過前測，該班補教教學的目標學生就為11人。亦因如此，當時的政策就將補救教學成班的人數訂為6-12人。

　　然而，以池上國中為例，最初誤將全校學生都納入前測名單，結果各班未能通過前測者約25人（全班約30人），更不幸的是，這樣的結果在台東是普遍現象。都會決策者認為，學業成績後35%的學生才需要接受測驗；然而在偏鄉，幾乎全班都無法通過補救教學的前測。在一個班最多12人的規定，加上師資的不足；我們只好告訴家長，你的孩子雖然需要補救教學，但因為我們只找最差的12個，所以你的孩子只能回家，因為他還不是最差的。

　　教育部規定「下午5點後與假日，不准開辦補救教學及課業輔導」，這也是一個因決策者不了解偏鄉實際需求、僅用學理去做的決定；造成明明是用來幫助弱勢的政策，反而使第一線教師無所適從，甚至有反效果。願意留在偏鄉的老師，對於教育多少都有執著與使命感。就池上國中來說，夜間義務課輔、假日義務陪讀的老師大有人在，因為這裡的孩子就是需要有人陪。唯有更多時間的陪伴，才能讓沒人照顧的他們養成讀書的習慣。按教育部的規定，即便不收費、老師自願，都不可以。因此，部分老

師寧願不領補教教學的鐘點費，冒著不合法的風險，也不願意被不適用的規定綁死。永名很感慨地說，這樣的「犧牲奉獻」，不是教師最高榮譽——師鐸獎的標準典範嗎？為什麼被視為違法？

第二節 補救教學在偏鄉的挑戰與突破

　　與永名一起在台東縣池上國中熱情奔放的曹仲宇，一直擔任總務主任的工作。他說大學時第一次深入偏鄉服務，第一眼的衝擊與感受，仍歷歷在目。因著這樣的親身感受，他決定從教職開始，就在偏鄉服務。在偏鄉教書永遠有需要挑戰及克服的地方，這項偏鄉教育的「特色」，使他不得不一直進修，學習新的方法來精進自己、提升教學成效。

● 詹永名與曹仲宇兩位最佳拍檔

　　10多年來，總有人問：「像你這種台北天龍國來的老師，適應嗎？習慣嗎？偏鄉的學生好教嗎？教學有成效嗎？不會想調回都市嗎？」仲宇說，一開始面臨挫折時當然不適應，總覺得教學沒有成效，申請調動的念頭更是經常浮現。但也讓他體悟到，正因為困難，才更需要熱血教師來幫助偏鄉學生。多數人只看到偏鄉教育黑暗的一面：挫折感、沒效率、沒進步，但他卻看到積極的一面：有挑戰、具潛力、一點一滴地慢慢進步。此外，鄉下學生比都市學生多了純樸開朗的笑容、天真活潑的個性，更是可愛。

　　從民國92年至今，仲宇一直任職於台東，待過兩間學校。看著一屆又一屆懵懵懂懂的七年級學生踏入校園，在專業又不放棄任何學生的學校團

隊的努力下，畢業的學生一個個變得成熟穩重、努力上進。讓學生蛻變的原因很多，最主要的不是多炫的教學技巧或多先進的教學設備，「陪伴」才是一大重點。看到學生的蛻變，就是老師願意留守偏鄉的最大動力。

十幾年來，仲宇看到的不僅是學生需要陪伴，老師也需要陪伴。團隊合作產生的共鳴及氣氛，勝過單打獨鬥，也才能永續經營。仲宇常自問：「我還可以為這裡做些什麼？有什麼需要我的地方？」看到學校的轉變、學生的成長以及和樂融融一起努力的夥伴，就是仲宇持續及有動力待在偏鄉的原因。

常聽人說，小班教學比大班教學有效，但偏鄉學校大都是小班，為何效果沒有想像中好？其中的原因很多，家庭教育占了很大的關鍵。相較於都會區，社會資源加上家庭背景及文化背景超越偏鄉許多。但在偏鄉學校，往往無法處理家庭教育這一塊。老師只能代替家長陪伴孩子，花許多額外的時間及心力如：晚自習、週六班、夜間解題班，這也是偏鄉教書的一個困難點。

怎樣能為偏鄉帶來好老師？如何的老師可稱做「好」？仲宇覺得那顆「心」才是重點，學生很聰明，他明白你是不是真的關心他們，若是，他就會感受到。時間久了，你就會發現，神奇的效果顯現在他們身上。

一、家庭功能缺乏，文化刺激不足

最初的補救教學方案是為了弱勢家庭，然而補救教學到了偏鄉，遇到更多弱勢家庭，就遭遇到很大的挑戰。幸好不少偏鄉校長及老師全力投入，有了許多突破的成果，令人讚嘆及可供參考。

兒福聯盟和中國信託慈善基金會調查發現（吳佩旻，2017），高達七成偏鄉老師反映，除教書外，還需照顧學童生活起居，老師「代父母職」已成常態。偏鄉家長大都到外地工作，家庭功能無法正常發揮。許多偏鄉老師必須幫忙孩子三餐起居，包括叫孩子起床、準備早餐，甚至教孩子刷牙洗澡、幫忙籌措學費等。偏鄉地區資源不多，沒有課後輔導或補習、安親班可參加，孩童放學後沒有大人陪伴，六成學生「無所事事」，「玩3C產品」占近半，另有三成七「一直看電視」。二成一孩童反映沒有人

教導功課，甚至部分孩子回家後沒有飯吃。多數教師認為偏鄉家長普遍缺乏看顧孩子課業的能力，對孩子的教育投資很少。家長擔憂孩子升國中後課業跟不上，可能中輟、逃家或結交不好的朋友、加入幫派等，但也無力管教。

經濟結構的因素，使得偏鄉除了農業、觀光，普遍缺乏就業機會。青壯人口為了生計，不得不離開家鄉，將子女交給年邁的父母。偏鄉的人口結構不少是原住民、新住民等社經背景較弱者，對於教養子女拿不出具體資源及辦法。所以，偏鄉老師不僅無法獲得家長的助力，更要直接承擔屬於家長的責任。不只是上課時間，課後及假日也要督促孩子課業、品德與健康（否則就沒人關心他們了）。

教育資源欠缺與文化不利，在我去台東池上鄉的福原國小時，也可以發現。與老師研討「如何利用語文課時間，加強學生的語言表達」，我多次提到要閱讀與利用圖書館，卻得不到老師的認同。原來池上鄉圖書館的書籍太少，孩子們也沒有利用圖書館的習慣。當晚我請永名開車載我去圖書館看看，只見裡面坐得滿滿的人，永名說，九成以上是池上國中的學生。他為了讓學生建立「去圖書館看書」的觀念，每晚都請一位老師在圖書館陪伴學生，為學生解答課業或課外讀物的疑惑。永名自己在一週裡，也總要去圖書館巡視好幾次，給師生加油打氣。

寄望偏鄉家長鼓勵孩子閱讀或帶孩子去圖書館借書，是不可能的事。但偏鄉老師仍希望圖書館的資源可以豐富些，像都會的圖書館一樣，有更多書籍及更舒適的閱讀環境。

阿里山十字國小是海拔超過1,500公尺的迷你學校，只有21位小朋友（國小部14位、幼兒園部7位），三、四、六年級各僅一位學生。誠實、有禮與純真，是孩子們的特質，但也不禁令人想到部落與偏鄉的困境；正因他們某種程度的社會化及文化刺激不足，才讓人覺得可愛、純樸吧！山上的孩子才3歲，父母就放手讓他自行上學。十字國小的階梯相當高，孩子們仍是自己走路上學。十字國小每天都要多一節「課後照顧」，老師幾乎都住校，每週才能下山一次。

● 嘉義縣阿里山鄉十字國小的全體學生與政大師培生同樂

二、師資不足，流動率高

　　偏遠地區的教師扮演著學生學習與生活「支持者」的關鍵角色，卻因流動率高，也成為學習的不利因素。為解決師資問題，教育部制定《偏遠地區學校教育發展條例》（106年11月21日三讀通過），重點包括：

　　1. 訂定正式教師留任年限：公費生分發或專為偏遠地區學校辦理之專任教師甄選錄取者，應服務滿6年以上。

　　2. 保障並培育公費生名額：師資培育大學保留一定之名額給偏遠地區學生，提供公費名額或開設師資培育專班，讓在地人回鄉服務，減緩流動率。

　　3. 訂定彈性之代理及專聘教師制度：偏遠學校甄選合格專任教師確有困難者，得公開甄選代理教師或以契約專案聘任具教師資格之教師，聘期一次最長2年。

　　4. 確保代理教師具備教育專長：偏遠地區學校未具教師資格之現職代理教師，可參加中央主管機關全額補助師資培育之大學辦理之師資職前教育課程。

　　5. 提供校長、教師特別獎勵及久任獎金：非偏遠地區學校服

務成績優良且自願赴偏遠地區學校服務之校長及教師，給予特別獎勵；偏遠地區學校校長、教師及相關人員，提供久任獎金及其他激勵措施。

但，台東大學教育學系教授何俊青認為（2017），雖然可調高偏鄉教師加給等福利，但物質的激勵對偏鄉教師的招聘和留任，通常不可預測。不要「只有」獎勵，而應運用不同的方法多管齊下，如改善交通、強化偏鄉教育環境。若僅強制教師6年不流動，也可能留下「人在偏鄉，心在都市」的教師。應該讓同樣具有教師證，卻真正想留在偏鄉的代理教師留下來。

而且，偏鄉教師的專業必須超越班級，不能只在「教室準備好」，還必須「學校與社區準備好」。因為偏鄉教師面對隔代、單親、失親、失業、家暴等問題，要承擔更多家庭教育、親職教育甚至經濟扶助的責任。偏鄉的生活不那麼餘裕，家長偏向把孩子交給老師「全權處理」，因為他們要忙工作。對於不好管教的孩子，家長還告訴老師：「這個孩子沒救了，我管不了，你要打要怎樣我都不管。」有些孩子對學科完全沒興趣，課堂上毫無參與感，只要跟學科有關的內容就全部放棄，上課只看著黑板發呆。

偏鄉孩子需要教師陪伴，更甚於課業學習。偏鄉教師必須常常關心孩子是否有晚餐可以吃，而且家裡沒有書桌也沒有床。教師的處境也好不到哪裡，要花更多時間處理地理和專業雙重隔離的問題，必須比都市教師付出更多交通、時間、金錢甚至健康成本。

例如報載（宋伯誼、陳秋雲，2014），全國海拔最高的學校——台中市梨山國民中小學，教師為了開學前返校，一路經歷豪雨、大雪，走到大禹嶺還遇到坍方，繞了半個台灣、650公里，花了兩天一夜，頂著攝氏零下4度的天氣，終於回到學校。很多老師因此重感冒，也有老師感染輪狀病毒，又吐又瀉、狼狽不堪。

更悲傷的事情是，2015年5月24日，嘉義縣豐山國小的教師張雅茹，晚間冒著大雨與家人一起開車趕回阿里山上的學校時，途中被落石打破擋

風玻璃、擊中頸部脊椎與右腹部，造成大量內出血，送醫不治。目睹全程的丈夫及女兒幾近崩潰，全校師生都非常哀傷。張雅茹與鄭萬平夫婦皆任教於嘉義縣豐山國小，他們已在山區教學二十餘年，足跡踏遍全台各地偏遠學校。甚至放棄調回平地的機會，將戶籍遷往豐山區，女兒也接到豐山國小就讀，假日才返回嘉義中埔老家。他們對弱勢學童特別照顧，不僅親自煮飯幫孩子補充營養，夜間課輔也都是夫婦倆帶班，不料最後卻為偏鄉孩子犧牲了生命。

偏鄉交通不便、危機四伏以及生活機能不佳（許多東西都得從山下帶上來），大多數老師不能天天回家，無法兼顧家庭與兒女，所以偏鄉老師的流動率很大。但只要他們在偏鄉服務時竭盡所能，不管時間多久，社會都應感謝與鼓勵，不應將教育責任完全推給他們。偏鄉因為教師數量很少，每一位都很重要；如果某班老師不願多照顧學生，就沒有別的老師可以代替。都會學校因為老師很多，教得好或壞，對學生不會有關鍵性的影響。但在偏鄉，教師熱忱的多寡、教學方法的好壞，就會牽動學生的未來。

偏鄉因為網路不普及，新聞、資訊都慢半拍。偏鄉也沒有便利商店，補給不易。到偏鄉教書自己要有車，不然很難較輕鬆的進出。福原國小校長表示：偏鄉教師多半是代理、資淺教師，缺乏成熟的輔導技巧，不能善用社區力量。偏鄉很美、很樸實，但想在偏鄉長駐，年輕人要耐得住寂寞，中年人要折衝家人的需求，老年人要夠健康。偏鄉需要有熱情、理想的老師，去建立欠缺的網路、補給、交通等中繼站。偏鄉學生最需要的是，能陪在身邊、真誠交流的「真實老師」。

三、學習成就大部分低落

以國中會考來說，教育部希望各校「C級」（待加強）人數不要超過畢業生的一半。但整個台東縣市，只有包含池上國中在內的兩所國中「達標」（池上為48%）。

池上國中的老師說，學生不喜歡讀書，尤其免試升高中（職）之後，整天只剩「玩、打工、發呆」，學習動機非常低落。福原國小的老

師也說，即使老師很會教、想教更多，但學生不想學，老師也「無用武之
地」。所以永名擔任教務主任時，就「恩威並施」，要求全校老師不論如
何都要把學生「帶動起來」。

對於補救教學，孩子上課的興趣不高，甚至抗拒（因為長期的自我放
棄）。如何設計適合孩子的課程、引起學習興趣，就十分重要，這非常仰
賴老師的個人魅力、謙卑態度以及抗壓性。

幸好偏鄉的熱血老師不少，報載（邱立雅，2015），44歲的龐大慶是
高雄人，21年前分發到花蓮縣瑞穗鄉瑞北國小擔任教師，發現當地弱勢學
生很多，不少人課業跟不上，以致國中畢業後不再升學，更從未有人考取
過花蓮高中或花蓮女中。他與另一名老師討論，決定籌辦免費的夜間課
後輔導，希望點亮孩子的升學道路。34歲的余夢瑤說，國中時家庭經濟不
佳，想讀書卻沒錢補習；幸好參加了龐老師的免費課後輔導班，3年後打
破了瑞北學生升學記錄，首度有人錄取花蓮女中，現在她也是一名國小老
師了。

嚴重學習落後的孩子，幾乎國、英、數三個主科都需要補救。怎麼分
配補救教學的上課節數，才能達到學習效果？即使參加了補救教學，多數
學生還是無法跟上現階段的課程。隨著年段上升、課程難度更高，需要補
救教學的名單往往更多而不是減少。但，為何每個孩子每門主科都需要過
關？以60分的考試分數來評斷一個人，就算達成教育目標嗎？

體育較強的孩子，多半對課業沒興趣，甚至是厭惡，因為他們的特質
是愛動，不喜歡拘束在教室內。偏鄉教育與補救教學應思考的是，除了區
分須著重的是學科還是能力之外，補救教學應留給「需要」跟「想要」學
習的孩子，因材施教以及適性教育非常重要。

2017年7月，南投仁愛鄉親愛愛樂弦樂團，參加奧地利維也納的維也
納國際青少年音樂節，在弦樂合奏拿到優勝。親愛國小的王子建、陳珮文
這對夫妻檔老師，教導原住民小朋友拉小提琴，為了「親愛愛樂」弦樂
團，他們散盡家產、負債上千萬。陳珮文說，2008年，她第一次自掏腰包
買四把琴教學生，假日帶他們下山學琴。這成了導火線，讓夫妻關係驟降
冰點。後來王子建改變態度，跟著陳珮文一起投入弦樂團，不僅拿出自己

的薪資倒貼，後來還比妻子更投入。若不是丈夫的支持，陳珮文一個人的力量，很難在短短數年裡，將「親愛愛樂」弦樂團發展到今日的規模。近一年來，陳珮文家中又多了三名新成員，分別是國小六年級、三年級和幼兒園的三個小男生。他們來自同一家庭，原本被社會局安置，後來爸爸突然現身將他們帶回部落，但並沒有因此受到較好的照顧，過著有一餐、沒一餐的生活。陳珮文不忍心，先將兩個大的孩子帶回學校，跟其他同儕一起過團體生活，沒想到他們的生父「買二送一」，也將最小的交給她一併照顧。在部落裡，太多這樣無人照顧孩子的曲折故事。

　　「親愛愛樂」弦樂團的音樂夢，希望朝經費自主之路邁進。她體認到捐款是一時的，與其花時間找贊助商，不如好好培養孩子的技能，讓他們的音樂真正獲得觀眾肯定，自發性地成為樂迷，而不僅是出於同情。隨著孩子長大，進入國中、高中就讀音樂班，「親愛愛樂」弦樂團的資金缺口再度擴大。陳珮文還得不停動腦筋找資金來源，希望孩子們的巡迴音樂會能繼續進行，讓他們一步步朝音樂學習獨立之路邁進，單純地用音樂去感動人。所以，支持這兩位好老師的最佳方式，就是購票入場觀賞孩子們的精采演出，讓他們不再為籌措資金而傷透腦筋。

5 補救教學的內涵與配套措施

我的學校老師很少，但會有各地來的志工老師教我唸書，下課後也可以去老師家問問題，他們一樣保證會讓我們考上好學校！

我的學校有很多老師都用電腦教學，而且都跟我們保證會讓大家考上好學校！

> 為了「拔尖」、「托底」，把每個學生帶起來，不管教育政策如何變動，學校一直都很注重及落實補救教學。
>
> ～台北市稻江護家教務主任郭淑蕙

第一節　補救教學的歷史演進

補救教學最早放在「資源教室方案」，屬於特殊教育範疇，服務對象是經過鑑定的身心障礙學生。後來開始運用在一般學生的基本學科補救，採取資源教室「抽離式」小班教學，以及「個別化教育計畫」（Individualized Education Program，簡稱IEP）。這種對非特教生的補救教學措施，歷史演進的脈絡與內涵如下：

一、教育優先區計畫

教育部於民國84年底公告《教育優先區計畫作業要點》，目的在改善「文化不利地區」之教育條件，解決「城鄉失衡」之國民教育的特殊問題；希望提升處境不利學生的教育成就，確保弱勢族群學生的受教權益。藉由提供相對弱勢地區多元化的資源，實現社會正義與教育機會均等的理想；使我國的人力素質與教育文化水準，都能更上一層樓。最初有10項教育優先區指標，如：

1. 原住民及低收入戶學生比例偏高之學校。
2. 離島或特殊偏遠交通不便之學校。
3. 隔代教養及單（寄）親家庭等學生比例偏高之學校。
4. 中途輟學率偏高之學校。
5. 國中升學率偏低之學校。
6. 青少年行為適應積極輔導地區。

7. 學齡人口嚴重流失地區。

8. 教師流動率及代課教師比例偏高之學校。

9. 特殊地理條件不利地區。

10. 教學基本設備不足之學校。

作業要點實施後，因應現況而逐年增刪的指標如下：

＊88年刪除「國中升學率偏低之學校」、「特殊地理條件不利地區」及「教學基本設備不足之學校」。

＊92年納入「外籍配偶子女」，刪除「青少年行為適應積極輔導地區」指標。

＊93年納入「大陸配偶子女」，新增「國中學習弱勢學生比例偏高之學校」。

＊94年納入「隔代教養、單（寄）親家庭及親子年齡差距過大」及「外籍、大陸配偶子女比例偏高之學校」。

＊95年因外籍、大陸配偶子女已有專案補助，故將「外籍、大陸配偶子女」之指標刪除。因學齡人口減少已為普遍趨勢，將「學齡人口嚴重流失之學校」之指標刪除。

＊97年將「新移民子女」納入指標。為什麼新移民子女也算教育優先區？桃園市經國國中教師王碧君說（2015），新住民家庭大多屬於勞工階層、教育程度不高，大半時間在工作，對孩子的教育難免疏忽且無力指導，其子女甚至因媽媽的新住民身分而自卑。新住民子女多半學業成就低，非常需要協助以提升學習成就感、創造成功經驗、增強學習動力，使其更有自信心以創造未來。

《教育優先區計畫作業要點》於98年廢止，改為《教育部推動教育優先區計畫》。107年，教育優先區計畫的指標精簡為六項：

1. 原住民學生比率偏高之學校。

2. 低收入戶、隔代教養、單（寄）親家庭、親子年齡差距過大、新移民子女之學生比率偏高之學校。

3. 國中學習弱勢學生比率偏高之學校。

4. 中途輟學率偏高之學校。

5. 離島或偏遠交通不便之學校。

6. 教師流動率及代理教師比率偏高之學校。是指學校最近三學年度教師（含實缺代理）流動率，平均在30%以上。學校最近三學年度實缺教師代理比率平均在30%以上者。

　　原來的補助項目「原住民及離島地區學校辦理學生學習輔導」於96年刪除，併入性質相近的教育部《攜手計畫及課後照顧方案》。教育優先區計畫之補助項目為下列七項：

1. 推展親職教育活動。

2. 補助學校發展教育特色。

3. 充實學校基本教學設備。

4. 發展原住民教育文化特色及充實設備器材。

5. 補助交通不便地區學校交通車。

6. 整修學校社區化活動場所。

7. 修繕離島或偏遠地區師生宿舍。

　　「補助學校發展教育特色」或「發展原住民教育文化特色」等項目，希望充實弱勢學生學科之外的其他能力，並辦理學習低成就學生家長的親職教育與進行家庭訪視，以增強親職與家庭功能。

二、國民中學潛能開發教育

　　自85年行政院教改會公布《教育改革總諮議報告書》，以「帶好每位學生」為未來教育改革的方向之後，教育部自86學年度起鼓勵國中於學期中試辦「補救教學」，87年起鼓勵另於寒暑假辦理「潛能開發班」，並將上述兩種班別統整為《國民中學潛能開發教育實施要點》（民國87年7月27日公告）。將「補救教學」名稱改為「潛能開發」，以避免學生被貼上

「能力差」的標記。於學年或寒暑假期間辦理「學習適應困難班」和「生活適應困難班」，前者之重點即在學科補救教學。

國民教育係屬基礎性教育，教育目標為奠定學生基本能力。國中常態編班案推行後，各班老師實有必要對國中學習適應困難之學生進行補救教學。在潛能開發教育中，所謂「學習適應困難者」是指由學校教師鼓勵並要求基本學科須加強補救之學生，每班參加人數為「後10%」，至多不超過20%。就讀於文化不利地區符合指標所稱教育優先區學校者，由各校鼓勵學生參加，參加人數得不受前款比例之限制。學習適應困難學生採「集中式」教學，30人設一班為原則，儘量避免標記作用。

民間公益團體也協助開設類似班級，如台北市大同區的台北大橋、俗稱「大橋頭」（林讓均，2014），每天放學鐘聲響起，鄰近國小二年級到國中三年級的孩子陸續走進一棟大樓裡做功課、寫考卷。這裡供應熱騰騰的晚餐，每個月一次慶生會，還有不定時舉辦的藝文與康樂活動，卻不收家長一毛錢。它的名字是——中興保全文教基金會社區關懷潛能開發班（簡稱「潛能班」）。在許多孩子心中，這裡是「第二個家」，是「莊阿姨」（中興保全文教基金會執行長莊素珠）回饋鄉里而興辦的公益課輔。主要招收「單親」、「低收入」與「學習低成就」三種弱勢背景的學生，後來又加了「隔代教養」一類，涵蓋台北大同區6所國中、小以及中興保全集團創辦人林燈的故鄉——宜蘭的17所國中、小。貧窮不是弱勢孩子最大的問題，貧窮而崩壞的家庭功能，才是孩子們最嚴峻的挑戰。

三、攜手計畫課後扶助方案

93年《教育部縮短城鄉學習落差補助要點》通過，以「積極性的差別待遇」對學習弱勢的學生、家庭與學校提供支援。95年教育部將數種性質類似的計畫整合為《攜手計畫課後扶助方案》，由教師、預備教師、大學生和退休教職人員參與，對具有原住民、新移民子女、低收入戶、身心障礙和免納所得稅的農漁民子女身分，且學習成就低落的國中小學生實施「課後學業輔導」，屬於小班制且個別化之免費補救教學。97年又將都會地區班級成績後20%、非都會地區班級成績後35%的學生納入此方案，於

● 原鄉的補救教學重點，不僅在課業，也可「多才多藝」。

課後或寒暑假接受學業輔導。

　　攜手計畫實行之初，學業輔導的科目僅限國語文、英語和數學三科。
97年後，接受計畫的國民中學可增開自然科和社會科，隔年更允許在寒暑
假學業輔導課程加開藝術、體育或校外教學活動，以增進學生的學習意
願。97年5月，教育部完成國語文和數學科《攜手計畫課後扶助方案學生
評量計畫》，從國小一年級到國中三年級都有適用的測驗工具，幫助教師
檢測學生的能力。

　　《攜手計畫課後扶助方案》的補救教學，包含「一般性扶助方案」
（以抽離原班進行為原則）及「國中基測提升方案」（得抽離原班進行分
組或小組教學）兩種。

　　1. 一般性扶助方案：對象為未達「教育優先區計畫—學習輔導」指標
之學校，兼具學習低成就及家庭（身分）弱勢之公立國中小學生。

2. **國中基測提升方案**：對象為前年度國中基測成績PR值低於10之人數，達到全校應考學生數25%以上之國中的學習成就低落學生。

《攜手計畫課後扶助方案》以課餘時間進行，學期中每週4小時，補救科目以國語文、數學、英語、自然與社會為主。寒暑假為每週5天、每天4小時，另開放20%之活動及藝能課程。須經家長同意，若學生無意願，也不強迫參加。

因為沒有全國一致之補救教學教材，所以「攜手計畫」補助各縣市或學校自行研發教材。民間基金會為了進行補救教學，亦自行研發補救教學教材。教育部委託設計「科技化的評量系統」，教師可藉系統之診斷圖，得知受輔學生各科目之落後點，據以規劃個別化之補救教學策略。另由評量系統長期追蹤並轉銜個案學生之學習進展，可有效降低教學人員之紙筆作業負擔。藉由該計畫之評量系統，還可進行班際、校際、縣際之補救教學成效比較，以管控補救教學成效。

台北市將此計畫稍做改良，於96年訂定《台北市國民小學攜手激勵學習潛能計畫》，以資源整合方式，建立更完善之低成就學生課後補救教學系統。透過大專生、退休教師與現職老師的合力協助，讓低成就學生提升學習信心與成就。參與之學校須具體檢核每一位低成就學生的學習表現與學習進步，據以為重新編班或修正協助教學策略，以實質提升每一位低成就學生學習落後之成效。各校為弱勢家庭及低成就之學生至少開辦「攜手班」或「激勵班」一班，對象為各校單一學科班級成績後25%之學生，經級任老師推薦並徵得家長同意。

1. **攜手班**：參加對象係學期評量單一學科成績為班級後25%，並具有下列弱勢身分者，如：原住民、身心障礙人士子女、外籍大陸及港澳配偶子女、低收入與中低收入家庭、免納所得稅之農工漁民子弟、隔代教養及家庭失功能子女（含單親）、身心障礙學生（含經鑑輔會鑑定為疑似身心障礙學生），以及其他經學校認定有需要之學習成就低落弱勢學生（如因重大傷病、中輟學生、高危機學生、親子年齡差距過大、學習成就低落【無特殊身分】等）。

2. **激勵班**：參加對象係學期評量單一學科成績為班級後25%，不具弱

勢身分之一般學生。

　　每班學生以6人為原則，倘因情況特殊而招收不足額，或為精進高年級低學習成就學生的補救教學效能，而以3人編班之需求，經教育局核定通過，可酌減開班人數或放寬參加對象之限制。實施對象若含身心障礙學生，師資安排宜以正式教師為主，避免大專學生或其餘師資授課，以維護安全。

　　《攜手計畫課後扶助方案》之教學人員以現職教師為主，退休教師、儲訓教師、一般大專生或志工為輔。為避免教學人員之補救教學知能不足，影響補教教學成效，教育部自100年度起，辦理補救教學18小時師資研習課程及種子教師培訓。

四、夜光天使點燈專案

　　隨著台灣貧富差距擴大，貧困、單親、失親、隔代教養、家境特殊的弱勢家庭，無力支付子女補習或安親班費用，甚或無暇照顧子女。然政府相關課後照顧服務時間，又多於晚上6點前結束。為免家中乏人照顧之學童於課後照顧時間結束在外流連，造成身心發展與安全之隱憂，地方政府應結合在地社會資源（民間社團、文教基金會、宗教團體），共同照顧這群兒童與少年的學習權益與身心發展。教育部於97年度創辦《夜光天使點燈專案計畫》，於17:00～20:00免費提供國小學生課後安全、愛與關懷的教育環境，並供應晚餐。自106學年度第二學期起，夜光天使計畫擴大服務，由每週3天變成5天。先前有不少承辦的國小，透過自籌募款自發將輔導天數延長至每週5天，讓學生每天課後都有人教導。而今政府擴大辦理計畫，讓更多學生得到照顧，學校不用擔心經費短缺。

　　目前每學期約有288校、4,500名學生參加點燈計畫，以雲林縣及屏東縣申請最多。各縣市小學辦理國小課後照顧服務者優先補助，如學校場地無法配合，基於維護學童安全之最佳利益考量，可擇社區周邊學童車程10分鐘可抵達之公共圖書館、合作之民間團體、文教基金會、宗教團體等有足夠使用活動空間，且符合公共安全標準之建物（含消防設施）辦理。

　　不少公益團體加入夜光天使行列，幫助的範圍擴及國中生，例如福智

文教基金會曾招募五十餘位南台灣現職教師，投入每週一到週四的夜間課後輔導。志工先在福智文教基金會高雄聯絡處集合，再驅車一小時趕赴旗山桃源國中，為學業低成就學生進行課後輔導。剛開始並不順利，因為學生學習意願低，而且程度差異頗大，有的只稍微落後，有的只有國小低年級程度。除了課業輔導，福智老師也經常跟學生分享生命故事，贈送生命成長類書籍，鼓勵學生為自己的生命負責，並帶領學生思考畢業後的生涯規劃。

這些公益課輔並不限於學業成績低落者，且以「陪伴」而非補救教學為主。因為來的學生多數為弱勢家庭，授課教師趁此機會將學生落後的課業補上，所以仍符合國民教育階段補救教學的精神。

第二節　補救教學的運作

《攜手計畫課後扶助方案》立基於社會之公平正義而擬定，旨在照顧弱勢之個人或學校，但未關注到不具弱勢身分之學習低成就國中小學生。鑑於十二年國民基本教育的實施，國中生可免經升學考試進入高中（職）或五專就讀，因此確保每一位學生之基本學力，成為十二年國民基本教育的核心課題之一，亟需藉由補救教學方案予以具體實踐。

民國100年，教育部訂定《國民小學及國民中學補救教學實施方案》；102年，整合「教育優先區計畫－學習輔導」及「攜手計畫－課後扶助」進入本方案，作為國中小學補救教學之單一實施計畫。

一、專責單位

補救教學的行政工作採三級制，在中央由教育部國民及學前教育署負責，並成立研發管考組、網路平台組、科技評量組、師資培育組等四組；工作項目包括：籌措預算、辦理全國說明會及訪評、建置檢測工具、訂定基本學習內容，並據以發展教材及教法、培訓種子講師及督導人才等。

地方之直轄市、縣（市）政府負責辦理全縣市說明會、填報系統教育訓練、宣導短片、文宣製作及專案網站建置等政策宣導；研發補救教學方

法、診斷工具；辦理研討會、行動研究及發表會；辦理期中、期末檢討會議、訪視評鑑或成果檢核、績優學校及人員表揚、績優學校成果觀摩會及發表會等行政作業。

　　各縣市國民中小學則負責規劃開班、招募教學人員、進行補救教學、記錄教師教學與學生的學習成效。

二、預期效應

　　1. 教師關注學生各學習階段的困難，有效施予差異化教學、補救教學。

　　2. 提升學習動機，使學業低成就學生願意參與學習、樂在學習，相信努力是有用的。

　　3. 評量系統能正確診斷學生學習程度的落點，監控受輔學生之學習進展。

　　4. 強化行政組織運作功能，管考輔導協作，提升補救教學方案執行效能。

　　5. 結合親職功能與社會資源，滿足弱勢學生學習需求，幫助學生安定向學。

　　6. 弭平學習落差，帶好每一位孩子，鞏固國民基本學力，確保學習品質。

三、教材教法

　　教育部自100年起，從課綱及各版本教科書中，萃取國中、小各年級國語文、英語、數學等工具學科之「基本學習內容」。是指無論課程綱要或課程標準如何改變，或教材如何重編；學生在該年級之國英數必須習得之內容，始得順利銜接下一年級之課程。教育部根據基本學習內容，發展補救教學補充教材，於101年公告。提供生活化、實用性之教學素材、教學指引與評量習題，供國中小老師教學參考及學生自學。並建立「國民小學及國民中學補救教學資源平台」，放置相關補救教學教材，供現場教師

下載使用。

　　教育部建議，教師使用教育部發展之補救教學教材，不宜拘束教材編撰順序，應依學生學習落後點，對應基本學習內容中的指標，再行運用教材進行補救教學。教育部亦鼓勵教師自行研發適合學生需要的補救教學材料，網路上也有許多老師樂於分享自編的動靜態補救教學教材、課程設計、教學方式等。

　　民間團體如博幼社會福利基金會、永齡慈善教育基金會，多年來發展了許多補救教學教材。博幼包含國中小，永齡僅有國小教材，均為國（閱讀）、英、數三科。博幼基金會認為，對於學習落後的孩子，一定要給他容易讀、概念清楚和有大量練習的教材。博幼除了少數選用坊間適合的教材外，大多自編淺顯易懂、適合學習較為落後的學童使用。目前提供34個免費教學網站／

● 池上國中利用鄉圖書館，進行夜間陪讀

網頁，包含英文、數學、閱讀等。另外提供學習起點評估專區，讓全國家長和老師可透過此專區，測驗學生是否到達基本要求。博幼的網站資源都免費做為非商業使用，另外還可申請「博幼補救教學教材教法師資培訓課程」。

　　自104年起，教育部國教署與永齡基金會簽署《國民小學及國民中學補救教學合作契約》，由永齡負責培訓補救教學師資，研習時數共計20小

時。除了共同科目（補救教學概論、班級經營、有效補救教學原則與實務案例、評量與診斷、學生心理特質與輔導），還有國語或數學專業課程，如：

1. **國語教學課程**：閱讀理解教學、生字教學、生詞教學、流暢性教學、自學活動教學。

2. **數學教學課程**：教材架構、教材地位、迷思概念、教學教法、教案設計。

還可進修「中級課輔教師研習課程」，進一步了解學生的個別差異，調整專業科目的教學策略與方法。參與資格為完成（初級）永齡課輔教師研習課程者，並使用永齡該科教材授課時數滿64小時（含）以上。研習科目為：國語（8小時）、數學（8小時）、差異化教學（2小時）。

永齡基金會研發整套的國數教材，原本用在希望小學課輔班，但常有現職老師希望自己學校的補救教學班也能使用這套教材。所以永齡基金會將教材做公益釋出，受過永齡培訓的教師皆可使用該教材上課，提供學生豐富多元之學習資源。

四、師資來源

目前補救教學人員為現職教師、退休教師、儲備教師、大專生等，以現職教師比率最高，約80%。但師資不足，仍是目前各校常見的困境。對現職教師而言，補救教學屬額外的工作負擔。加之補救教學難以提升學生的學習興趣，教起來特別辛苦。而且一週只有一、兩節課，難見成效，這些都使現職教師卻步。但學校仍鼓勵本校老師優先擔任補救教學師資，也當作一般課堂教學是否有效及教學方式改進的參考。實在是師資不足時再外聘退休老師、儲備教師，最後才考慮一般大專生或志工。非本校師資擔任補救教學，因不了解學生，班級經營上較為困難。大專生則因教學經驗、教學技巧不足，與學生建立關係、引起學習動機、教學成效、個人情緒調適等方面均較易產生問題。

教育部自100年起，委請國立台灣師範大學教育研究與評鑑中心辦理補救教學18小時師資研習課程，以標準化種子教師培育課程，為各縣市培

訓補教教學人員增能研習之講師。並制定補救教學增能研習課程之教材內容與教學時數，提升各縣市補救教學研習課程之品質。102年起，現職教師需取得教育部規劃之8小時研習證明，現職教師以外之教學人員則需完整取得18小時之研習證明，始得擔任補救教學師資，以確保補救教學品質。後續將辦理以「補救教學實務探究」為主題的工作坊，提供教師對話、研議、演練與分享的機會；同時鼓勵退休教師投入補救教學，以擴充補救教學師資人力。

教育部並委請專家學者、種子教師、教育行政人員等組成輔導諮詢團隊，定期到各校進行訪視，提供現場教師教學建議。針對辦理補救教學業務及任教時遭遇之疑難問題，給予實務上的協助。教育部並建置線上諮詢平台，培訓各縣市補救教學督導人才，透過網路協助遭遇困境之教師，在平台討論區分享教學心得。

五、科技化評量

以教育部建置之客觀評量工具進行診斷，由診斷結果了解學生不足之學習範圍與內容。101年起，標準科技化評量系統由原本之常模參照調整為標準參照，檢測試題依「基本學習內容」各分項能力之指標命題。每年需進行3次電腦化測驗，9至10月為篩選測驗，翌年之2至3月、6至7月為成長追蹤測驗。另由評量系統長期追蹤並轉銜個案學生之學習進展，有效降低教學人員之紙筆作業負擔。藉由評量系統，進行班際、校際、縣際之補救教學成效比較。補救教學教師可由評量系統之結果，得知受輔學生各科目之落後點，據以規劃個別化之補救教學策略。

補救教學係透過科技化評量方式實施篩選測驗、成長測驗，透過強化系統功能及擴大施測量能、研發試題以穩定試題品質等執行細項，改善學校施測環境品質，提高評量之精準度。同時藉由評量結果診斷學習落點、強化網路平台個案管理功能，使教師掌握學生學習情形。建立補救教學學生個案管理功能，提供補救教學教師即時掌握學生資訊，了解學生之學習情形，以利追蹤輔導、解決學習困難。

在科技化評量系統之功能及操作上，還應向教師宣導的是：應於平常

教學透過「形成性評量」，了解並診斷學生的學習困難與成效，於課堂上即時性一級支援的補救教學。

六、輔助系統

補救教學成效與家庭因素息息相關，除了學校、老師付出愛心及用心之外，還需其他措施補強家庭功能。

為幫助家庭資源或功能不足的學生，宜發展適切之介入措施，預防該等學生學習之挫敗。補救教學真要奏效，學校應設法與社福單位合作，進行家庭訪問、強化親職責任，以滿足學生之心理需求，提高學生學習動機。結合衛福部社會及家庭署《推動弱勢家庭兒童及少年社區照顧服務計畫》，針對弱勢家庭學童課後照顧服務，進行家庭訪視及支持服務。

政府的資源有限，補救教學無法全面照顧到每個需要的學童與少年。幸賴熱心、有遠見的民間團體，自發地加入補救教學行列，如博幼文教基金會、永齡文教基金會、中興保全文教基金會、家庭扶助基金會及各種宗教團體等。所以，補救教學要能全面落實，應適度引進民間資源，並研擬公私部門合作模式，使更多學生受益。

七、高級中等學校補救教學現況

依《高級中等學校法》（民國102年公布）第5條，高級中等學校分為下列類型：

「一、普通型高級中等學校：提供基本學科為主課程，強化學生通識能力之學校。

二、技術型高級中等學校：提供專業及實習學科為主課程，包括實用技能及建教合作，強化學生專門技術及職業能力之學校。

三、綜合型高級中等學校：提供包括基本學科、專業及實習學科課程，以輔導學生選修適性課程之學校。

四、單科型高級中等學校：採取特定學科領域為核心課程，提供學習性向明顯之學生，繼續發展潛能之學校。」

　　民國97年公布《教育部國民及學前教育署辦理高級中等學校學生學習扶助方案補助要點》，為上述四類高級中等學校（通稱高中職），強化學習動機，提升學生素質，縮短學習落差，彰顯教育正義，奠定十二年國民基本教育之基礎。學校針對個別學生學習問題或其他特殊需求，運用各種資源，進行差異化教學或補救教學，協助學生有效學習。

　　十二年國教實施後，多數社區高中免試入學。會考只占總積分的三分之一，成績只分三等級四標示，以致入學新生的程度差異懸殊。編在同一班時，老師常顧此失彼。因此有些學校採分級教學，新生註冊日就針對國、英、數做檢測，第一次段考後若沒有進步，就進行補救教學。

　　教育部要求，高中職入學時，國中會考國、英、數屬「待加強」等級的學生，以及段考各學科成績或學期成績同一年級為後25%者，均須進行補救教學。可利用課餘時間辦理，每人每週至多5節。或於寒暑假期間辦理，寒假期間不得超過40節，暑假期間不得超過120節。每班人數以6至12人，身心障礙學生專班以5至10人為原則，超過上開人數，得增設班級。同一年級或同一群、科或課程，每班未達6人，得併入其他班級上課。

● 台北市稻江護家校長營造快樂上學氛圍

　　擔任學習扶助課程之教師，由學校依下列優先順序聘兼之：學校現職教師、學校退休教師、學校儲備教師（具中等學校教師資格，且未受聘為學校教師者）。

　　台北市稻江護家教務主任郭淑蕙表示，該校本來就注重補救教學；尤其是剛從國中端升上高一，更要及早將之前脫節或落伍的部分補足，到了高二、高三才會愈來愈好，這樣的想法與教育部的法規及期望不謀而合。教育部要求各校在高一新生入學前，針對國民中學教育會考成績國文、英文、數學任一科列為「待加強」的學生，於當年度暑假辦理補救教學。但因暑期辦理有其困難，所以稻江護家改為高一第一次段考後，對各班後25%的學生進行一學期、每天放學後一至二節的補救教學；之後各年級也比照辦理。家長全數同意，因為不論從段考、學期成績以及升學表現，都證明補救教學有效。郭主任表示，不論教育部是否提倡及補助經費，多年來該校老師早已主動及義務幫助課業落後學生，學校的補救教學非常落實。

　　普通高中因為升學目標，所以較著重一級支援系統的差異化教學；加上教育部的經費補助不足、學生選擇去補習班等因素，所以補救教學辦理的狀況不若高職熱烈。而且高中生自尊較強，為避免貼標籤，有些學校改由各班老師自行為班上學生進行補救教學。

　　報載（林秀姿，2014），103年度國中會考後，不少學生國、英、數三科被列為「待加強」。為了讓這些學生上高中能跟上其他學生，132所高中職向教育部提出補救教學申請，共4萬8,272名學生受

● 稻江護家國文科教師為學生個別補救教學

益。102年經補救教學後仍不及格的比率近五成，可能是所讀群科「不適性」，學生無法適應高中職的課程。補救教學成效不佳，除了學生本身缺乏學習動力、跟不上進度外，背後可能還有更複雜的因素，包括家庭經濟弱勢、父母親突然發生變故等，需要其他社會資源的介入協助。高中職的補救教學和中小學不同，高中職類科多，每個班的進度不太一樣，學生差異化加大，更考驗老師是否可以針對學生的差異化進行補救教學。

6 其他國家補救教學的做法與比較

歡迎來到北極圈內的學校！

我們有在天然場地上的滑冰課

也有很大的校舍跟圖書館喔！

一點都不像深山中的學校！

> 　　台灣正面臨嚴重的教育不平等，孩子的教育成就與他的社經
> 條件高度相關。
>
> 　　　　　　　　　　　　　　　～為台灣而教創辦人劉安婷

第一節　芬蘭的補救教學與啓示

　　芬蘭教育舉世聞名，在「成長競爭力」全球評比中，連續4年獲得世界第一（評比年段為2002-2003、2003-2004、2004-2005、2005-2006），教育制度及公立中小學品質也最佳。芬蘭人口僅550萬，2011年人均GDP約4萬9千美元，世界排名第十七，是台灣的兩倍。

　　芬蘭夾在瑞典和俄羅斯兩國之間，冬天長達5個月；為了生存，這個小國全心投資教育，因為「一個孩子都不能少」。根據OECD（經濟合作暨發展組織）教育綜覽統計，芬蘭每年的教育經費占GDP的12%，僅次於社會福利。芬蘭多為小班小校，一校200名學生是常態。學校用以輔導落後學生的特殊教育老師數量，較任何國家都多。師生比很高，部分學校甚至高達一比七（林曉欽譯，2013：29）。

　　芬蘭30年的教育改革，打造出全球最平均的優質公校。根據2009年PISA調查，芬蘭校際閱讀能力的差距僅約7%，OECD其他國家平均為42%。芬蘭的教育差異來自單一學校內部，起因於學生天賦不同。真正展現「社會不平等」的是各校差異，而芬蘭的各校差距十分微小（林曉欽譯，2013：136）。2015年，世界經濟論壇（WEF）評比140個國家的競爭力，芬蘭在小學和高等教育項目，名列第一和第二。根據PISA（國際學生能力評量）調查，芬蘭孩子的學習落差為全世界最低，學習表現受到家庭出身的影響最小。

一、芬蘭補救教學的意義與特色

　　世界各國絡繹不絕到芬蘭取經，大家都想了解，為何芬蘭的4千多所公校平常沒有標準考試（高中畢業會考是芬蘭孩子面臨的第一次考試），卻能讓學習落差降到世界最低？答案是學校實施配合學生個別程度的「差異化教學」，不對任何學生「貼標籤」。芬蘭沒有後段班也沒有資優生，而是均優。芬蘭老師給學習困難學生提供「及時支持」，這不僅是教育專業也是教育責任。

　　成功的教育改革與教育表現，需要同步改善社會、就業與經濟環境，教育提升與經濟發展才能相得益彰。教育如何提升國民未來的競爭力（林曉欽譯，2013：30-31）？

　　　芬蘭教育的精髓，「差異化」是首要關鍵，芬蘭願意投入大量資源落實差異化的理想，尊重孩子的天性稟賦。儘早發現孩子的學習困難及其社會、行為問題，妥適提供量身打造的專業協助。認為每個孩子都是第一名，適性揚才方能讓每個孩子在探索實作、分享交流中都有機會達到卓越。台灣多數時候基於標準化的檢驗來確認差異，處理差異的目標仍要回歸標準化，以績效達標來確認教學效果。

芬蘭的赫爾辛基大學

2010年，芬蘭的教育基本法，將特殊教育擴大為「學習和上學支持」。除了服務一般身心、情緒、學習障礙的孩子，也服務「不同學生的學習狀態」。各種支持分為三個層次，包括：1.一般支持：學校採行差異化教學；2.加強支持：班級裡的補救教學；3.全時間的特殊教育：分發到特教班或特教學校。為了及早發現孩子的學習狀態且及時支援，特殊教育成為許多芬蘭老師再進修的第二專長。每一位接受特殊支持的學生，都必須有個別學習計畫。

特殊教育是芬蘭教育與關懷體系的重要元素，目標為幫助、扶持學生，使大家擁有平等的教育機會（林曉欽譯，2013：137-139）：

> 有兩種不同的特殊教育途徑，第一種會讓特教學生留在一般班級，用小群組方式進行部分特殊教育。如果學生的學習困難不嚴重，這些小群組就會由一位特殊教育老師所領導。學生可根據個人能力調整學習目標，制訂一份個人學習計畫，學習成績評量也會依個人學習計畫調整。第二種途徑是校內組成特殊群組或班級，藉此提供持續特殊教育。……2008-2009學年近三分之一公立學校學生參與上述兩種特殊教育方案，超過五分之一參與第一種，約8%參與第二種。

在芬蘭，各校都有五分之一學習困難者，能及早得到支援，他們對於弱勢者更是特別關注，因為（陳之華，2008：244-245）：

> 芬蘭教育體系崇尚「平等」的主流思維，將整體社會的教育成本，儘量關注運用在弱勢者的身上，無非是希望社會群體要好，大家就一起好，至少也要達到一種相對差異不大的好。

芬蘭自認為小國，承擔不起任何人力資源的耗損，所以要共好。不容許學習差距的存在，要努力打破一切差異（陳之華，2008：102）：

　　　　芬蘭教育成功的主要關鍵就在落實「平等」精神，打破城鄉、學生資質、經濟條件、學校環境等差異，讓每個孩子達到應有的教育水準，讓社會沒有學習落差。

　　平等精神的落實，由教育資源的分配與教育成果的展現，可以得到證明（陳之華，2008）：

　　　　各地校舍與建築品質優良狀況相同，學校與地方圖書館分布、藏書豐富情形相似，不論你我的出生和家庭，絕對保障享有一樣的高水準基礎教育（頁235）。

　　　　OECD評量計畫的57個參與國的學生中，沒有通過PISA測驗的平均比例超過20%，但芬蘭學生受測的失敗率卻不到5%……顯示出城鄉與貧富之間的教育資源與平等受教的差異，相當之小（頁68）。

　　芬蘭重視每個人的權利，認為國家必須平等對待每一個人，包括獲得的教育資源以及達成一樣的教育目標。所以他們花心思努力照顧每一個孩子，為的是（李光莒等，2012：69）：

　　　　不管是語言課、自然課，還是數學課，我們不強調個體的能力好，而是希望達到「均優」，所以我們不放棄每一個孩子。

　　看來屬於「後段班」的學生，可能不那麼傑出，芬蘭卻不會放棄他們，相反的（陳之華，2008：101）：

　　　　教導需要特別照料與鼓勵學生群的老師，付出的時間和關懷，比一般課業老師多。腳踏實地、一步一腳印的去陪著那一

群「不一樣」的孩子們，透過各種學習方法，學得課本和生活知識的同時，建立起學生的自尊與自重。

芬蘭的教育體制不以選取「頂尖」（可能連十分之一都不到）的「菁英資優」為主力，而是（陳之華，2009：43）：

> 以平等的「全民都是菁英」的國家義務教育興學方式，把其他社會與國家吝於投注資源的十分之八廣大學生，都盡全力去教好。

芬蘭不採取菁英教育的原因是（陳之華，2009：81）：

> 一個走上民主化的社會與國家，如果只是不斷強調「菁英式」教育，以為只要由少數的菁英去領導眾生就好了，這是很危險的。因為民主機制的基礎，以及社會所有人民的對話，必須建立於基礎教育機會的公平、公正與相同品質上。

芬蘭不認為少數菁英足以治國，甚至認為這樣做是危險的。所以在公平的基礎教育之下，芬蘭學生的學習表現沒有明顯的城鄉差距，PISA測驗的校際差距不到5%，是全世界的第二名。

芬蘭肯花更多經費幫助學習困難者，是因為他們不允許學業成績出現好壞兩極端的雙峰現象（陳之華，2008：253）：

> 如果教育也呈現M型現象，外來移民逐漸被推入閉塞、孤立、被排斥的深淵，那是最悲哀不過的社會群體自我割裂。

芬蘭不想太強調事後的補救教學，因為（陳之華，2008：253）：

> 與其凡事在事後再來謀求補救，不如先從基礎教育和小地

方的導引、融合開始做起，給予不同族群足夠、適切、適時的
輔導與社會資源挹注。

在我國稱為「補救教學」，在芬蘭稱為「支援教學」、「協同教
學」，甚至是我們認為帶有負面標籤的「特殊教育」。多數人以為補救教
學僅滿足考試低分群的學生需要，為的是把分數拉高。在芬蘭則不然（李
光莒等，2012：116）：

> 芬蘭的中小學並無定期成績考查，小學階段的芬蘭文和數
> 學通常由同一位班級導師實施教學，……主要提報補救教學的
> 判斷標準，也是由班級導師來認定。

如果發現需要幫助的孩子，芬蘭的具體措施是（李光莒等，2012：
126）：

> 對於班級內學習風格特殊的孩子，會在同時段抽離，並以
> 小班教學方式協助孩子學習。……補救教學並未安排在放學後
> 的時段，而是在領域課程進行中，作有技巧的分組。

如果課堂時間不足，有些孩子還是需要放學後的額外學習（蕭富元
等，2008：112-113）：

> 芬蘭的「專注」策略，讓每個孩子都具備基本能力，當學
> 生出現短暫學習困難，老師會立刻提出矯正計畫，在課堂上或
> 放學後進行個別輔導，費用由政府負擔，芬蘭約20%中小學生接
> 受額外學習，OEDC國家平均6%。

芬蘭的補救教學幾乎與一般教學結合，首先採取同時段抽離式的小
班教學，必要時再於放學後個別輔導。是否需要補救或輔導，全由導師決

定，且每位受輔者都有個別矯正計畫。芬蘭教育尤其注重小學低年級的基礎學習，情願在這個階段多花時間補救、把基礎打穩，必要時不惜留級一年（李光莒等，2012：41-43）：

> 特別注意小學一、二年級的學生，當做特教生來教，要通過學習能力評量，否則必須留級。

在這樣注重平等精神的教育環境下，芬蘭學生的上課情況是（李光莒等，2012：65）：

> 看不見學生上課干擾他人的狀態，不管是國小還是國中，學生都會在上課時準時的到達上課教室，並且把自己的上課情緒準備好。

二、芬蘭補救教學對我國的啟示

㈠平等精神

芬蘭盡力打破城鄉、學生資質、經濟條件、學校環境……等差異，使基礎教育機會公平、公正與獲得相同品質，這必須社會觀念及經濟條件的雙重支持。但我國目前「優勝劣敗，適者生存」的社會達爾文主義仍盛行，孩子從小因為家庭經濟狀況的差異，使就讀的學校（例如私立貴族學校）及上課的內容（例如雙語教學，甚至全英語授課）都頗為不同。學習成就及未來出路的不平等，只會愈來愈明顯。

㈡注重學習的最初階段

芬蘭從國民教育開始，即不能容許學習落差的出現。國小一、二年級不能通過學習能力鑑定，情願讓孩子重讀一年，好的開始才是成功的全部。以我國目前較重視升學績效的狀況，國小階段沒有升學壓力，因此較不覺得有補救教學的壓力。

㈢ 補教教學與一般教學結合

芬蘭隨時注意學生是否跟得上進度，遇有學習困難，則隨時抽離或課後予以支援，且都有「個別教學計畫」。我國目前不論學習支援或補救教學系統，都尚未完全成熟，和芬蘭的理想情境還有些距離。

㈣ 非常注重學習支援或特殊教育

芬蘭為了學生的學習支援，教師積極進修特教專長；學生及家長也不因進入特殊教育或補救教學系統，而認為是負面象徵。

我國目前特殊教育與補救教學幾乎是完全不同的概念，在「學習低成就」或「學習弱勢」仍難脫負面標籤的情況下，還需加強推廣補救教學的正確觀念。

● 芬蘭的西貝流士公園

第二節 美國的補救教學與啓示

我國許多學者對於美國的教育改革較為熟悉，關於補救教學部分，下列重要的政策及民間做法，可當做我國補救教學的參考。

一、美國補救教學的意義與特色

㈠不讓任何孩子落後

　　美國《不讓任何孩子落後》（No Child Left Behind，簡稱NCLB）法案的發展與檢討（李寶琳，2014），可讓我國從中效法其長處，避免犯同樣的過錯。1965年，美國通過《初等與中等教育法》，強調教育機會公平（equal access to education）、建立學習標準（high standards）與績效責任（accountability），此為《不讓任何孩子落後》法案的前身。

　　1983年，雷根總統任內公告《國家在危機中》（A Nation at Risk）報告書，指出美國中小學教育的素質不理想，國際評比之學科成就表現落後，醞釀出《不讓任何孩子落後》教育法案（2001年通過）。其中與補救教學有關者如：

　　1. **年度測驗**（annual testing）：各州小學、國中與高中學生，每年必須接受閱讀、數學與科學的評估測驗，測驗結果與州定的學科標準或全國的水準作比較。

　　2. **學業進步**（academic progress）：州政府要求每個學生的學習都要達到精熟（proficient）水準，每一所學校要達到州訂定的「年度充分進步指數」目標。學校若持續失敗，必須接受外部矯正評估，並可能面臨被接管的命運。

　　3. **閱讀優先**（reading first）：經濟弱勢地區從幼兒園到三年級的學生，施予以「科學與研究」為基礎的提早閱讀計畫。另外在貧困地區，辦理3-5歲兒童的提早閱讀計畫。

　　4. **弱勢優先**（funding changes）：透過改變補助經費的公式，協助弱勢學區與學校，並給予州與地方政府較大彈性權限，以使用聯邦經費。

　　《不讓任何孩子落後》法案之績效評估，主要以獎懲機制來達成。符合績效標準的學校，可以持續獲得經費補助；連續2年未達目標的學校，則列入改善名單。政府有權要求學校提出改善計畫、協助學生轉學、提供補救教學、進行課程改革、替換全部或部分教職員，或轉型為特許學校，甚至由州政府接管經營。

　　實施《不讓任何孩子落後》法案以來，對績效責任的檢討較多。評量與績效系統本用來幫助學校進步，但過於高估州政府監督學校績效的執行能力，反而妨礙學校的進步。標準化測驗與經費補助綁在一起，考試主導了教學；為提高通過機率，有些州降低測驗水準，有些學校甚至讓成績不好的學生提早中輟，但這些學生卻是最需要幫助的少數族裔與低社經弱勢學生。

　　標準化測驗的性質單純而狹窄，做為參考可以，絕非唯一的準則。以此準則來判定學校是否有效能，將喪失教育意義。因為沒辦法在短期內達成「年度充分進步指數」的學校，幾乎都處於貧弱學區，此舉反而失去對弱勢學生的援助。最終要求在某個期限內所有學生都必須達到精熟（proficient）水準，對弱勢地區是一項不可能的艱難任務。政策制定者希望績效成果顯而易見，所以制度設計傾向簡易、單一、大量操作方向，忽視背景、種族、階級、個別的差異。

　　以我國而言，基層教育的績效要求，雖然沒有明確地羅列項目與達成標準，但各級政府主要仍以學校評鑑為辦學績效的依據。學校如有未通過的項目，則追蹤輔導之。所以也會出現如美國的狀況，彷彿弱勢學校的辦學績效較差。

　　《不讓任何孩子落後》方案補助的弱勢指標為：1.貧窮學校低成就表現之新移民或少數族裔；2.英語能力不足之新移民或少數族裔；3.身心殘障；4.被忽略或誤入歧途等學生。補助項目為：

　　1. 校區改革計畫：確保包含弱勢學生在內的所有學生均能符合高學術標準，無法有效改善弱勢學生學業表現的學校將接受輔導；如繼續表現不佳，則將接受矯治方案；連續3年表現不佳，則該學校弱勢學生有權轉學至表現良好的公私立學校，或自行選擇接受輔助教學（supplemental educational services）。

　　2. 「閱讀優先」（reading first）計畫：協助幼兒園至3歲閱讀困難孩童提高識字率，規定各州經費優先用於低收入家庭學童或超過15%低收入家庭學生之中小學校。

(二) 可汗學院

　　可汗學院（英語：Khan Academy）是孟加拉裔美國人薩爾曼・可汗於2006年所創立，是一個非營利的教育機構。透過網路提供一系列免費教材，內容涵蓋數學、歷史、醫療衛生及醫學、金融、物理、化學、生物、天文學、經濟學、宇宙學、有機化學、美國公民教育、美術史、宏觀經濟學、微觀經濟學及電腦科學等。

　　創辦人薩爾曼・可汗擁有麻省理工學院碩士學位及哈佛大學MBA學位，原本從事金融業，某次為了幫助住在遠處的親人解決學習困難，利用網路把自己的教學影片傳送出去，親戚小孩的學業成績因此大為進步，此舉受到廣泛好評。受到鼓勵的薩爾曼，於2009年辭去工作，全職從事相關課程的錄製。該機構曾獲2009年微軟教育獎、2010年谷歌《十的一百次方計畫》教育項目2百萬美元資助。

　　可汗學院充分利用網路傳送的便捷，與錄影重複利用成本低的特性。每段課程的影片只約10分鐘，從基礎內容開始，由易到難的進階方式銜接。教學者本人不出現在影片中，用的是一種電子黑板系統。網站也開發了練習系統，記錄學習者對每一個問題的完整練習，教學者因此容易得知學習者哪些觀念不懂。

　　傳統的學校課程為了符合進度，教師只要求學生跨過一定門檻（例如及格），就繼續往下教。若利用類似可汗學院的系統，則可讓學生懂得每一個未來還要用到的基礎觀念，再繼續往下教學，進度類似的學生可以編在一班。美國有某些學校採用「回家看可汗學院影片代替家庭作業，上課時則是做練習，再由老師或已經懂的同學教導其他同學」的教學模式。

(三) 為美國而教

　　美國的非營利教育組織「為美國而教」（Teach For America, TFA）（賴昭穎，2015），在官網上描述美國的教育現況是：

　　　　超過1千6百萬名小孩在貧窮之中長大，每三個就有一個人無法高中畢業，只有18%的人能上四年制學院，只有9%的人能

在25歲前拿到學士學位。

美國總統行政辦公室於2015年的報告指出，全美課業成績最差的5%之中小學，只有36%的學生閱讀成績達到同年級的標準（其他學校為67%）。全美約有3千所中小學課業表現落後，學生人數超過一百萬。在課業表現較差學校就讀的高中生，如期畢業的比率平均只有四成（其他高中為87%）。即使是好學校，弱勢學生（包括低所得、非裔、拉丁裔）的學習落後仍是一大問題。

為打破學生因為經濟條件、種族、地區所造成的教育不平等現象，1990年成立的TFA，招募大學畢業生投身課業落後的學校。2015年，TFA在全美已有52個據點，各地的現職教師共約一萬名。TFA也將這套模式推廣到世界各地，於2007年擴大規模為「為所有人而教」（Teach For All），觸及海地、秘魯、中國大陸、尼泊爾、卡達、保加利亞、瑞典等34個國家。

TFA的創辦人溫蒂‧柯柏（Wendy Kopp）畢業於美國長春藤盟校普林斯頓大學，她看到許多美國一流大學畢業生一窩蜂到投資銀行或管理顧問公司賺取高薪；她認為，如果這些國家未來的領導者能在畢業之後的頭兩年，到都會和偏遠地區學校教書而不是華爾街，帶來的影響將會更大。TFA力促教育平等做出的貢獻，除了每年吸引許多社會新鮮人投入教育外，曾在TFA擔任過教師的人，有約一萬人轉業從事教職，近千人擔任校長，二百多人擔任教育局長等教育體系的領導人。體制內外共同累積的改變，使美國一步步朝公平教育的方向前進。

二、美國補救教學對我國的啟示

美國的貧富差距頗大，我國的狀況亦類似，所以要小心犯了同樣的錯誤，也就是拿一樣的標準，衡量城鄉學校的教學績效。使弱勢學校顯得更弱，讓大家對於去弱勢地區或弱勢學生較多的學校教書却步。

擔任公益平台顧問及均一中小學董事的誠致教育基金會董事長方新舟，將美國可汗學院透過CC授權引進台灣，成立同樣免費的教育資源網

站「均一教育平台」。為了達到整體的中文化與在地化，誠致教育基金會不但與志工們將網站界面與習題中文化，也依照台灣課綱，錄製適合華文教育的全中文影片。期待透過雲端平台，提供所有華文學子「均等、一流」的免費教育資源。幫助有心推動「翻轉教室」的教師減少課程壓力，將寶貴的時間用來陪伴學生找出天賦、解答疑惑、追尋未來的道路。

「均一教育平台」自2012年10月正式上線，持續受到學生、老師、家長的支持。提供數學、生物、物理及化學等符合學習歷程的短篇教學影片，及數位化互動式習題。每一道習題都有即時追蹤作答記錄的功能，當學生自學線上教材，老師可即時了解學生的學習狀況，成為幫助學生解惑、引導討論與實作的輔導者。為了提升學習動機，「均一教育平台」還提供徽章獎勵系統，讓學生以自己的步調，學習解決問題。讓原本恐懼排斥的科目，變得輕鬆好玩，也增添學習的樂趣與成就感。透過這項平台，除了讓學生掌握學習的主動權，也讓老師在教室內有更多時間為學生「解惑」，為「翻轉教室」（Flipped Classroom）學習模式奠定基礎，提供台灣教育一個不同的走向，大大縮小我國城鄉教育資源與人力的差距。

劉安婷是非營利組織「為台灣而教」（Teach for Taiwan, TFT）基金會的創辦人，台中女中畢業後，進入普林斯頓大學，於2012年取得學位。受到同校校友溫蒂·柯柏創設的「為美國而教」啟發，於2013年底，回台與林普晴共同創立「為台灣而教」（全名：財團法人為台灣而教教育基金會）。招募具教育使命感與領導潛力的人才，為有需求的偏鄉小學注入師資。2016年，劉安婷被《富比世雜誌》選為亞洲區30歲以下最有影響力的30人之一。「為台灣而教」（TFA）在網頁上寫著：

> 在台灣，孩子的出身決定他們的未來。台灣正面臨嚴重的教育不平等，孩子的教育成就與他的社經條件高度相關。社經條件較弱勢的孩子，相較同齡環境較優勢的孩子，學習表現甚至落後7年之多。當一個孩子的社經背景成為其學習表現的主要決定因素時，這絕不只是個人幸與不幸的問題，而是一個龐大且逐漸擴增的人才耗損，勢必影響國家經濟成長與未來發展。

● 與「為台灣而教」的熱血教師，比賽熱情

　　TFT發現，教育問題是社會問題的縮影，問題包括：

　　1. **學生學習興趣與自信低落**：過往以分數導向、齊頭式的教育方式與主流價值，使台灣學生在國際評比上，不論學習興趣、學習自信心和學習評價都是吊車尾，尤其是社經地位較低的學生。

　　2. **教育資源不均**：在弱勢地區，教師「質」與「量」均缺，使城鄉地區孩子的教育品質存在明顯落差。弱勢家庭的孩子難以透過教育脫離被社會邊緣化的困境，與他們的父母甚至祖父母一樣，陷入貧窮的循環。

　　3. **家庭失能**：弱勢孩子的家庭面臨隔代教養、單親、失親或長時間勞動之雙親等額外挑戰，家庭教養功能低落。

　　4. **社區動能低落**：青年流失與人口高齡化，使社區經濟停滯，加劇城鄉發展的差距。醫療、交通、科技、文化等各樣資源不足，使弱勢孩子的學習難以得到足夠的支持。

　　5. **社會結構失衡**：貧富不均惡化的現象，使社會階級對立，形成社會的不穩定結構。弱勢者失去公平的競爭機會，難以翻轉階級。

　　偏鄉孩子最需要什麼（賴昭穎，2015）？不是衣服、電腦、書包，而是「人」，是愛與榜樣的老師。偏鄉地區招募教師的困難度高，孩子常到開學了還等不到老師；或者還來不及適應眼前的老師，就已經換人了。破碎斷裂的學習歷程和難以把關的教育品質，使孩子們的夢想與發展不易開花結果。一位好老師的投入，能有效地提升教學品質，補足學生因家庭背景所造成的落差，讓孩子看見不一樣的可能和有夢想的未來。

　　偏鄉交通不便，導致招募老師過程不順利。現有甄選制度，無法確保能夠篩選出具教育熱忱、使命感強的老師。偏鄉小校的人力吃緊，業務負擔重，有心的老師也常因過度負荷而撐不下去。

　　TFT期許一切改變以孩子為核心，給孩子真正需要的資源──師資。招募、培訓有使命感與領導潛力的青年成為老師，進入偏鄉學校進行2年全職的教學工作。並提供持續的培訓與支持，致力提升教學品質，媒合各界資源，為孩子創造平等優質的教育環境。

　　TFT讓教師們耕耘第一線教學現場，貼近台灣真實的需求，培養創造改變所需的領導力與同理心，逐步發揮在地行動力，共同推動教育所需要的改革。長期而言，完成2年計畫的「校友」，在各領域可繼續為「教育不平等」奮鬥。透過校友網絡的串聯，從體制內、外發起改變，共同終結台灣教育不平等，讓一個孩子的出身不再限制他的未來。

7 補救教學之課程設計、教學策略與班級經營

現在是每週一次的教學會議，請國小跟國中的老師分別提出教學現場問題或可供參考的教案！

這週教的數線部分，有一半的同學聽不懂！

數線嗎？我剛好想到一種用遊戲使它更好懂的方法，可應用在放學的補救教學！

> 如果在教材上有分級，在考卷上也有分級，那麼我們就可以先考最簡單的題目，這樣可以看出學生最基本的學問學會了沒有，學校就可以立刻幫助他們。
>
> 〜博幼基金會創辦人李家同

第一節　補救教學之課程設計

補救教學應考慮學生目前的能力（智商、須補救之學科成績）、學習動機、學生對學習的接受程度及注意廣度、學生的家庭背景與支持系統等。對缺乏學習動機的學生，要提供外在的增強方式。反之，也可考慮將學習動機較強的低成就學生，列為優先補救的對象，也就是尊重學生的自主意願。若還不願意參加補救教學者，不強制執行。要根據學生程度來選擇合適的教材，簡化原有的教科書內容、編選坊間的教材，或自行設定適合的教材內容。

因為師資選聘及培育不易，教師更迭頻繁。部分教師教學或教材仍以現行學校進度、回家作業為主，而非以學生之學習弱點為教學起點。所以要增進教師對於補救教學之正確理解，以及診斷報告、教材資源之應用等能力，以利現職教師於一般課程中即時補救，落實差異化教學。各校教師反應，補救教學現場需要更多專門教材，且應打破以問題導向設計的教學內容，加強學生練習與觀念的釐清。各縣市教育局（處）應持續進行工作坊研習，促進學生達到精熟學習的策略，並系統化研發補救教學教材。還要加強教師的診斷能力，針對個別學生「對症下藥」。

博幼基金會創辦人李家同在《李家同談教育》（2010）及《為台灣教育加油：李家同觀點》（2016）等書一再強調：實施補救教學的前測，如果發現這個學生是小六生，卻只有小四的程度，補救教學就要從小四開始，否則補救教學就變成了陪讀。我們的教育制度沒有考慮到學生天資方

面不同，也沒有考慮到他們的家庭背景也不同。學校可以先考最簡單的題目，通過最基本題目的同學，可以再考較難的題目。有些同學不夠聰明，老師就適可而止。補救教學的課程設計，因應教育理念、教師素養、學習設備以及學生本身的需要，而須呈現多樣化。一般常用的補救教學課程進行，有下列類型（杜正治，1993）：

1. 補償式課程（compensatory program）：實施補救教學前，須對學習者做澈底的診斷，以了解個別需求、性向以及能力水準。補償式課程以直接教學法為主，口試或聽力測驗取代筆試。

2. 導生式課程（tutorial program）：為學生提供額外解說、舉更多例子，並對一般課程內容呈現的教材再作複習，是正規課程的延伸。

3. 適性課程（adaptive program）：課程內容較具彈性，教師可依學生的需求編選合適教材。教法比較彈性，考試時允許以錄音、口試或表演方式來取代傳統筆試。

4. 補充式課程（supplemental program）：提供普遍被校方忽略，但攸關學生日常生活或未來就業的重要知識或技能。例如：提供考試不及格學生通過考試所需之必要知識或作答技巧，提供參加英文甄試的學生聽力作答、英語寫作等方面的技巧。

5. 加強基礎課程（basic skills program）：學習歷程是一種線性作用，除非該生已學會低年級的所有課程，否則無法接受次一階段的課程。實施補救教學前，要先確定學生當時的知識程度與能力水準。

6. 學習策略訓練課程（learning strategies training program）：教學重點在於教授學習策略，包括資料的蒐集、整理與組織方式，以及有效的記憶方法等。

補救教學的內容、進度、教法等，都可因學生或地區的特性而彈性調整。例如台東縣曾實驗「減法教學」（林秀姿b，2015），因為發現學生的學習落差很大，老師為了趕進度又受限於人力，無法即時補救教學，導致「落後者恆落後」。於是，台東縣政府於100年度在全縣17所小學、2所國中推動減法教學；教科書分量減半，8冊減為4冊，教完4冊即可。頭一年試驗，學生參加教育部的補救教學測驗，即全數合格。比起從前老師擔

心教不完，拚命趕進度，教完了學生還是學不會的狀況好多了。因為成效不錯，高雄市林園區與大寮區、新竹與苗栗等縣市，也跟著推動。

「分組學習」也很適合補救教學，如台東縣池上國中透過「強幫弱」的分組學習方式（張錦弘，2015），利用九宮格、擲骰子、桌遊等遊戲寓教於樂，讓偏鄉弱勢國中生上課不再打瞌睡，樂於上數學、英語課，學校的學生人數逆勢成長。池上國中校長指出，池上的弱勢生占全校三分之一

● 補救教學是孩子們黎明前的希望（台東池上鄉大波池）

以上，半數學生要申請營養午餐補助，不少隔代教養家庭、父母不在身邊。該校新生入學時都會檢測英、數等基本能力，發現有些孩子連九九乘法都不會背，英文基本單字也認不了幾個，一篇作文只能寫兩行。若不及早補救，將來升上高中職，也是缺乏自信。

為搶救這群偏鄉弱勢生，該校老師積極參加研習、創新教學，有時搭清晨5點20分的普悠瑪號到西部研習，快半夜才回台東。透過教師共同備課，設計各種遊戲式的教材教法。以數學為例，採互相分組教學，將程度強、中、弱三種學生編在同一組，同樣一道考題，若程度弱的學生答對，全組得分加倍，為的是鼓勵強者教導弱者。設計九宮格遊戲，每個單元找出9道最基本的題目，課前發學習單讓學生加強練習，上課時再搶答。一名學生說，以前覺得數學和生活無關，上課很無趣；自從採合作分組教學，上課有趣多了。程度弱的學生在同學的幫助下，也漸入佳境。鑒於偏鄉學生背英文單字能力較弱，池上國中設計了許多遊戲教學，例如結合桌遊，學生翻到3張同樣的牌，就要喊出一個比較難的單字搶分，加強背單

字的動機。

補救教學基本上是一種診療式教學，也稱臨床教學（clinical teach-ing）。事先選擇若干接受補救教學的對象，了解學生的學習困難，設計課程內容與慎選教學型態與策略，方能契合學生的個別需求。

由上述補救教學的歷程可以發現，補救教學採用「評量—教學—再評量」的循環歷程；重視個案資料的蒐集、診斷評量及教學後的測驗，以了解學生的實際學習狀況，並給予所需要的協助。

張新仁、邱上真、李素慧（2000）曾以高雄市左營國中一年級9位英語科低成就學生為研究對象，採用單一受試研究法、以資源教室方案實施為期一學年共計27週的英語補救教學。整個英語補救教學成效的評估，是以受試者在「英語科成就測驗」中，有關「聽寫句子」、「聽寫單字」、「單字記憶」、「書寫句子」和「口語會話」等五部分的前後測成績，以及在「國中英語學習態度」問卷的前後測得分情形為指標。另編製問卷，調查受試者的回饋意見。

研究結果發現：整體而言，9位一年級受試者在「聽寫句子」、「聽寫單字」、「單字記憶」、「書寫句子」和「口語會話」等五方面，都有進步的現象；其中以「書寫句子」、「口語會話」兩方面的階段間變化達顯著差異，且其實驗效果能維持至追蹤期。至於其他方面的成效，則止於處理期。此外，對於「國中英語學習態度」，也有正向的效果。大部分受試者對於接受補救教學，抱持肯定態度。該研究並建議學校從一年級剛開學即進行補救教學，以避免補救的內容累積太多。此外，一班人數不宜多，方能顧及個別差異。

補救教學常用的補充教材，包括書店的商品教材、教師改編教材，以及教師自編教材。採用資源教室的型態（是另類的資源教室，與特殊教育的資源教室不同），每班人數不超過20人。利用每週2天的第八堂課時間、早自修、自習課或週會、聯課時間，由學校教師擔任補救教學師資或校外聘請專業人員。課程為外加式，教學內容主要以簡化教材為主，教學進度則由任課教師依照學生狀況而定。參加補救教學除須經家長同意外，學生也可按志願決定是否參加，並無強制性。常見的實施困難包括：太晚

開始補救，可能已錯過最佳時機；參與人數過多，以致不易顧及個別差異需求；學校教師授課時數過重，故無力另編或改編適宜之教材；學生的學習動機低落，或不易持續等。

第二節　補救教學之教學策略與班級經營

　　參與補救教學的學生，多為弱勢或學習成就低落。補救教學有別於一般教學，所以補救教學策略與方式有必要提升。實施適性且彈性化的補救教學，對於改善學生的學習成效才是關鍵。補救教學受輔學生的學習意願較為低落，所以教學設計首先必須激起學習意願，並依學生的優、弱勢能力彈性調整，才能收到教學成效。還須正確診斷並對症下藥，建立其學習信心。補救教學開辦於寒暑假時段，較能系統規劃，在重複、密集的練習下，學習成果較能展現。

一、補救教學之教學策略

　　補救教學教師的專業是能將低成就學生的特殊需求融入課程設計裡，設計教學環境和引起學習動機。所以需先釐清低成就學生的學習特質、行為特質和心理特質，找出有效的教學策略。透過教學者明確的教學指示與長期、密集的教學介入，讓低成就學生突破學習困難。可採用的補救教學策略如下：

㈠ 精熟教學

　　精熟教學（the mastery teaching）策略的基本理念是：每個人的學習速度快慢不一，教學時只要列出要求學生精熟的標準，並給予足夠的學習時間，則幾乎所有智力正常的學生，都能精熟大部分的學習內容。精熟教學法適用於中、小學的團體教學，適用的教材性質兼及認知和動作技能兩種，但涉及的層次不高。布魯姆（Benjamin S. Bloom）的精熟教學法，最常為人引用。其教學關鍵為：每位學生根據事先訂定的標準評定成績，不需和其他學生比較。在學習過程中接受一系列的評量，並根據提供的回

饋，了解自己的學習困難。未達事先訂定精熟標準的學生，要參加補救教學。

根據教育部教育雲教育百科對「精熟學習」的解釋，摘要如下：

是一種提供成功學習的「教」和「學」的方法。透過小步驟的教學、足夠的練習機會、充裕的學習時間及補救教學，讓學生精熟每一個學習步驟。「精熟」定義：通常是指在一個測驗或其他評量中，能得到80～90%的分數。教學目的主要提供無法達到精熟的學生，得到適當的額外幫助，如：跟同儕小老師一起學習、從合作小組的團隊成員獲得幫助。因為每個學生的學習能力不同，沒有所謂優劣，只有學習快慢之別。為有效的個別化教學，有助於大部分學生學習成功。

教師必須把課程分為一些小單元，每個單元包含一些精熟的特定目標。教師需告知學生每個單元的目標及效標為何，若沒有達到最低精熟程度，或雖達到但想增進表現的學生可以重複學習這個單元。當他們準備好時，可以做這單元的複本測驗。Bloom認為學生學習成就上的差異，是因為我們對每一個學生提供相同的教學及相同的學習時間，並且沒有提供個別的補救教學，致使學生的學習成就差異，隨著年齡愈來愈大。

(二) 個別化教學

根據教育部教育雲教育百科對「個別化教學」的解釋摘要如下：

藉由一對一的個別方式指導學生學習的一種教學模式，透過這種方式，老師能夠更深切地發現學生面臨的問題與障礙，學生可以依據個人的學習速度與認知方式，來吸收老師所傳授的知識與經驗。並不拘泥於在形式上要一對一，也可以是在班級中，由一位教師針對全班學生的獨特性和差異性，設計不同

的學習計畫,包括課程、教材、教法、評量等方面。教師面對學習速度較快及遲緩的學生,必須經過調整學習時間,才能適應其需求。有些則提供額外的時間供學生自行練習或教師提供補救教學;有些模式則允許少數學習能力較高者,可以提前學習較高階段的課程。通常將教材細分成許多單元,並設計成適合於不同程度的多套教材。

小班教學精神則是朝因應個別化教學需要為目標,所以教師的角色必須有所調整,教師應減少權威的色彩,以溫馨、尊重、包容的態度面對學生,誘發學生主動學習。教師的任務以教學設計為主,扮演著協助者或教學經理者的角色。

個別化教學(the individualized instruction)的理念和做法,和精熟教學有些相似;主要差異在於個別化教學主張由學生根據教材而個別學習,學習進度由學生自行決定。精熟教學則主張由教師進行團體教學,學習進度由教師決定。個別化教學以美國學者凱勒(Fred S. Keller)提倡的個別化教學系統(personalized system of instruction)較為著名,主要做法為:學習材料是主要的教學來源,開始時應備妥指定閱讀的教科書、學習指引和作業。學習指引是學生自學的重要指引,內容包括各單元的學習目標、教材內容的分析等。學生按自己的能力、時間決定學習的進度,每位學生精熟各單元所花的時間各不相同。讀完各單元後,必須參加單元評量,達到精熟標準者則進入下一單元;未達到精熟標準者,就必須重新學習原單元教材,再接受該單元的評量。

(三) 合作學習

合作學習(the cooperative learning)強調透過小組內合作學習的方式精熟學習內容,主要的倡導人物為史雷文(Robert E. Slavin)和強森兄弟(David W. Johnson & Robert T. Johnson),主要特色為將不同性別、能力、種族、社經背景的學生混合編組,鼓勵學生互助合作。小組表現達到預定的標準便可獲得獎勵,適用於不同年級、學科和學習性質。

根據《教育大辭書》（2000）對「合作學習」的名詞解釋，摘要如下：

> 合作學習是指一些特定的群體活動，學生以小團體的方式一同工作，除了保持個人的貢獻外，也和大家一同努力以達到共同設定的目標。目標的設定，應考慮到個人及群體皆能有所參與表現，只要群體中有一人無法參與表現，則須修訂共同目標，讓所有成員有機會藉著群體的合作來學習。學習某科教材或完成某種指定作業的過程中，合作團員間的相互討論、詢問、解答等的互動。這種良性的互動，會使團員積極參與，彼此激勵，讓整個學習過程更富有活力，加深、加強學習的成效。強調團隊中每個人實際參與的重要性，由於有實際的參與才有可能學習。每次合作學習後，應有5至10分鐘的檢視，也就是大家坐下來，檢討剛才合作學習過程中有哪些是好的，有哪些是做得不夠的，並且提出下次改進的意見。

㈣ 課中即時補救法

補救教學的時間，多半在放學後第八至第九節，甚至是晚上。這樣的缺點是學生上了一整天的課已經疲憊，再來上補救教學，即使學習動機高昂，體力及心力仍屬勉強。如果白天的課程已支撐不住，課後的補救可能有精神或興趣嗎？所以學生參加意願不高，對於老師也一樣。尤其現職老師更是超時工作、增加額外負擔。加上教學效果不如預期，讓老師更覺有心無力。

有些學校將補救教學調整為「課中補救」，也就是在原本的國、英、數三科授課時數當中，抽出大約一半時間，學生抽離出來到專班進行補救教學。實施以來效果不錯，從前聽不懂的學生上課幾乎無法參與；而今在補救教學的課堂上，不再是「教室裡的客人」。這種教學法，對原班任課老師也較好，不必擔心某些學生跟不上，自己卻沒有時間或不知如何即時

補救。將學生抽出原班，對課程進度與進行方式加以調整，讓學生把基礎的內容弄懂。且成績評比方式和一般學生不同，較容易獲得成就感。因小班教學，讓老師較有餘裕了解每個學生的學習狀況，學生的學習意願相對較高。這些學生需要更多激勵，一旦成績提升到某個標準，即可回原班上課，是流動制。

● 補救教學是不再「視而不見」，是「見義勇為」

(五) 學科能力分組法

　　有些學校直接進行「學科分組教學」，將全年級依程度高低分為ABC三組，C組即「補教教學班」。全年級該科的上課時間皆同，學生依程度到不同的班級。以原本的教師鐘點費支應教學人員費用，無需增置員額、安排課後時間、申請補救教學經費。補救教學於上課時間內實施，除免掉教師額外的工作負擔，亦解決學生、家長或教師無意願或不喜歡參與「課後」補救教學之問題。但老師要輪流擔任不同程度之班級教學，以了解學習低落之原因；且能更努力於補救教學，因為教學數並未增加。但要避免從前「能力分班」時代為了衝刺升學率，結果「犧牲」後段班學生學習權益的弊端。

(六) 教材編製與教學診斷

　　升上高中職後，國中會考「C」等級的學生需要補救教學。但一班學生表面都是成績不達標，其實卻有頗大的差距。有些學生離及格只差一些，有些則完全跟不上進度，有些是能力沒有問題但缺乏學習動力。老師為了確保每個孩子都有進步，要隨時抽點學生上台練習，確定學生是否都理解講授內容。一有問題，馬上再教一遍，不把問題拖到下課後才解決。

　　教材來源多為教師自編，教師在準備教材上，由於學生程度差異太大，難易度難以掌握。課程時間短，難安排有效的課程目標。準備教材花費的時間較多，尤其是評量方式。經費不足無法大量印製適合的教材，也造成授課教師在教材準備上的困擾。

　　為提供合適教材與診斷學生學習困難，教育部建立「國民小學及國民中學補救教學資源平台」，提供績優學校或老師的經驗分享、教材教法分享、補救教學評量資訊，以及補救教學課程規劃內容，做為所有補救教學工作人員與授課教師的參考。授課教師務必參酌科技評量診斷結果，分析判斷學生的起點行為，開出個別化的教學處方。將課堂的學習與學生的生活經驗連結，由學生主導自己的學習，落實「學習者中心」的理念。教學上強調「師生互動」，從各面向引領學生學習。

　　就算施測率達到標準，因採線上施測，有些學生其實並未用心作答，敷衍作答或猜答者比率不低，影響測驗結果的精準度。受輔率跟家長及學生的態度有關，許多成績落後學生的家長，原本就不關心孩子的課業。有些學生的學習意願非常低落，課後額外時間或寒暑假期間開設補救教學，受輔比率不高。在進步率及因進步回班率方面，除了學生的學習意願及態度，年級愈高，學習成就低落的程度愈大。若要追求進步率，線上評量的題庫是封閉的，老師無從幫助學生準備。且進步率本身也不客觀，很難說學生本次進步是否恰巧猜對較多題數。補救教學實施時段不長，要因補救教學而進步回班比率，實在有限。

　　有些教師自製教材，不使用教育部平台的教材。但仍覺得要配合補教的個別差異，非常困難。以國文科來說，不能寫正確的字體、不喜歡背誦、閱讀太淺或有自己的偏好等個別問題，使補救教學難有成效。而且到了九年級再來補救，往往來不及了。有些老師以自己的方式進行補救教學，學生樂在其中而且效果顯著。

　　補救教學需要最好的老師，且須具備診斷的能力，能確定學習的落差，並依據個別狀況而有差別的教學策略。尤其是偏鄉學校，需要補救的學生更多，應依不同的學校類型而增加教師編制。尤其是住宿型學校，需要老師擔任夜間課業輔導工作，而非只是生活指導員（高中學歷即可）。

　　擔任補救教學之教師表示，資源平台上的教材，實用性的內容太薄弱，內容量也偏少，文字敘述太多，學習單不夠。線上教學輔導平台提供線上諮詢服務的效果並不及時，無法直接協助教師在教學現場解決問題。缺乏補救教學的交流平台，教師交換經驗或提供建議不易。所以教育部近

期推出《教育部教師適性教學素養與輔助平台計畫》，以解決此項問題。
從107年1月起至109年12月底止，陸續擴增各學科之教學元件素材，擴大
辦理以提供各學科教師進行適性教學。

《教育部教師適性教學素養與輔助平台計畫》

「適性教學」（adaptive instruction）指教學的過程能配合學習者
的能力與學習需求，而作因應與導引式調整。教師透過此輔助平台，
適時掌握學生的學習需求，權宜的改變教學策略，有效擬定適當的教
學方案，持續追蹤且評估學生學習狀況。「教師適性教學素養與輔助
平台—因材網」（以下簡稱因材網）能協助教師有利於進行差異化教
學，達成「因材施教」。

適性教學素養輔助平台，應達成以下目的及功能：

1. 藉由電腦化適性診斷測驗，診斷學生學習成效，立即回饋教師
教學成效。

2. 藉由電腦化適性診斷測驗，診斷學生學習成效，達到「因材施
測」，提升測驗效率，且能提供跨年級之學習診斷結果。

3. 能自動化提供學生「個別化學習路徑」，達到「因材施教」的
效果，輔助教師調整教學方式及策略，提升教師教學效能。

4. 整合「教學媒體」、「診斷測驗」及「互動式教學輔助元
件」，適時輔助教師現場教學。

二、補救教學之班級經營

跟一般的班級經營類似，補救教學更需注意教學平台資源之使用，並
請授課教師隨時參酌補救學生的成長軌跡，隨時調整教學策略、教材準備
等，讓學生的學習具有挑戰性及成就感。補救教學老師應與原班級教師共
同召開個案會議，互相分享教學經驗，據以調整彼此的教學策略。補救教
學之班級經營的學習，最快的方式為邀請績優學校及績優老師做經驗、教

材教法、補救教學評量資訊以及補救教學課程規劃等的分享、交流，或直接擔任教練。

如何與學習低落學生建立關係？身為心理醫師及教育諮詢人員多年的Natalie Rathvon發現，學習低落學生因為很少成功的經驗，卻承受一連串的焦慮和壓抑，所以裝出一副「我不在乎」的態度。往往只在一、兩門學科或課外活動有令人滿意甚至優秀的表現，其他學科卻表現平平。要求他們獨立完成作業會焦慮不安，難以整理學習筆記或用具，將提示、建議和意見當作對他的批評。但給予一對一的關注時，他們多半能表現良好。所以Natalie Rathvon對老師的建議是（詳參黃艷譯，2004：199-203）：和學生更親近，增加學生從老師那

● 家庭私塾免費教學（詹永名的義學）

兒獲得更多安慰和鼓勵的機會。為學生製造與老師積極交流的機會，包括放學後的輔導課。在這種一對一或只有幾個學生的情況下，氣氛充滿了鼓勵。會改變學習低落生昔日以為老師冷漠及挑剔的看法，能相信老師是真誠關懷、支持他獲得好成績的人。

個別談話與心理輔導，對於補救教學有加分或加乘的效果。學生能藉此相當程度的透露內心想法、家庭背景、未來夢想，讓不同際遇的學生有抒發及解決問題的機會；也能增加老師的同理心，深入了解與幫助同學。透過師生一對一的交流，還可消除老師的教學盲點，大幅增進師生關係與情感。在授課時間之外，多花些時間與學生個別談話，效果絕對「物超所值」。

　　很多學習落後孩子缺乏學習動機，新北市三峽國小數學科教師陳素敏的法寶是「餵飽孩子的身心」（洪欣慈，2016）。不僅自掏腰包為飢腸轆轆的學生準備點心，滿足孩子的胃；更用心自編教材，開啟孩子想學習的心，所以被選為教育部「教育家部落格」的教師典範。陳老師的第一個數學補救班，只來了3個學生。可能是學生或家長擔心被貼負面標籤，所以寧願上「課後班」，也不想來補救班。她不斷思考把孩子吸引過來的方法，於是準備了小點心，激勵外在的學習動機。後來學生人數增加到二十多人，一度還分成兩班上課。

　　陳素敏發現，看不懂題目是不少學生對於數學的障礙。透過自編教材，陪著學生從了解題意、擷取重點、標出關鍵字、用圖像表達題目意涵到解題。慢慢的，學生也能進步而考到「90分」了。

8 補救教學的
彈性變通與成效

第一節 讓補救教學成爲快樂天堂

● 帶領政大師資生一起拜訪新竹縣竹東國中徐華助校長（前排左3）

新竹縣「特偏小學」某位校長曾表示，補救教學不適合偏鄉，因為沒有為偏鄉孩子量身訂做。偏鄉學生大都屬特殊教育的範疇，全是需要輔導的對象，家庭是造成他們學習不利的主因。偏鄉教育的重點，不在於幾門學科的補救教學，而在於加強教師的診斷能力，找出學生個別的學習問題，安排適合且能使他們進步的教學策略。更要從藝術文化等其他科目或活動中，提升孩子的自信、品格態度、生命教育。偏鄉學校通常發展當地的特色課程，例如天燈文化一直是平溪國中的校本課程。將這些特色課程，透由師生深度探索而傳承與創新。另外，新竹縣尖石鄉的秀巒國小、苗栗縣泰安鄉的梅園國小等發展柔道教學，新竹縣五峰鄉的五峰國中發展音樂與體育教學等，均能增加學生學科之外的競爭力或幫助他們升學（體育班、音樂班）。總括來說，要使孩子成功，關鍵不在於學業，而在於「態度」。

霧台國小的勵古百合分校，建築上常見百合圖騰，百合象徵四個意涵：男生代表勇敢、女生表示聖潔，另外還有膽識和勤奮。學校積極推展

原住民相關課程，如：族語、音樂、舞蹈、工藝雕刻，甚至是慶典。教會長老每個禮拜四進駐學校，和學校的民族課程進行銜接（像是魯凱族神話），期望學生從長輩身上學習典範。部落希望這裡未來能成為魯凱民族實驗小學，編出最適合的教案，統整為最扎實的課程。學校顧及學生的實際需求，須辦理課後照顧和課後輔導。文化的不同是原住民在學習上遭遇的問題，他們要學習課本裡的主流文化，但那些可能和他們的生活經驗相去甚遠、難以想像，甚至毫無意義。學校雖努力使原住民學生融入漢人文化，然而原住民的文化還是有保存的必要。如今原住民文化雖然日漸受到重視，但仍不敵主流文化的強勢。

進入偏鄉學校參訪，能打開我們原本狹窄、偏頗的視野；那裡的教師毫不在乎學生的「不可能」，盡心盡力在任何「可能」之處努力。例如：屏東縣崁頂鄉南榮國中，四周都是稻田，卻爭取經費設置南台灣第一個英語村。長榮航空捐贈一個真實的機艙，給學生情境教學使用。多位外籍志工老師長期駐村，進行分組英語教學。南榮非常注重品格教育，學校任何角落總會看到學生有禮貌地向老師及來賓問好，南榮的老師都會給予正向回饋。學校的牆上、樓梯邊貼滿偉人的故事、砥礪人心的標語，每年母親節舉辦洗腳活動，教師節也有奉茶活動。學生有四分之一是弱勢家庭，出狀況時，輔導室第一個站出來安置學生，並提供經濟援助。學校借錢給弱勢學生，並讓學生自己決定什麼時候歸還。

南榮國中的學生不需特別監督，就能認真學習。這是學校的付出及老師的榜樣，才讓學生提升水準。南榮國中位在南台灣的一個農村裡，資源相當缺乏，但校長和老師卻慷慨的付出他們的時間與愛心，額外提供許多對學生有

● 屏東縣崁頂鄉的南榮國中，課程深具特色

用的課程。教師的熱情始終不減，而引導與驅動的力量，是與學生的互動，以及看見學生的「開花結果」。

依據《偏遠地區學校教育發展條例》，有關支持學生學習，應採取以下積極措施：

　　1. 提供偏遠地區學校輔導人力：地方主管機關應以國民中學學區為範圍，於偏遠地區學校置專業輔導人員或社會工作人員，以維護學生身心健全發展。

　　2. 提供相關學習活動及兒童照顧服務，鼓勵並補助偏遠地區學校實施混齡編班、混齡教學或學校型態實驗教育，實施特色課程、戶外教育，提供自主學習資源及實施差異化教學，以提升學生學習成效。

　　3. 提供符合學生學習進度之多元補救教學方式、內容及訂定學習輔導相關措施，穩固偏遠地區學生基本學力。

● 新北市平溪鄉平溪國中表示，學校最缺輔導教師

　　我去平溪國中參觀時，曾問：「偏鄉學校最缺什麼？」輔導主任回答：「最缺輔導老師。」台東縣池上鄉福原國小，也沒有專任輔導老師，因為小校並未設置輔導室（福原已是池上鄉最大的學校）。池上國中直到

最近才有一位專任輔導老師，詹永名目前擔任輔導主任，他說，專輔老師的輔導效果，真的比「外行」好。偏鄉的確更需要輔導老師，但輔導老師的編制，依班級數而聘任，如果班級數不多，聘任升學考試科目就可能用掉教師員額。班級數量不多的偏鄉學校，更需要輔導人力進駐，但是法令與政府單位卻無法因應。

隔代教養加上家庭不健全，是偏鄉教育的主要問題。輔導資源不只用在輔導學生，更要「輔導家長」。培養家長應有的教育方式與態度，平衡工作與家庭，使孩子真正能發揮專長。而非只針對學科考試，然後面臨一再的挫敗，認為自己什麼都不行。偏鄉大多是隔代教養，輔導老師的數量缺乏或太少，就無法解決因家庭而衍生的教育問題。

報載（林秀姿c，2015），台灣偏鄉常在開學時還找不到老師，因為偏鄉教師身兼數職，行政工作比一般學校吃重。日本政府採取「胡蘿蔔」政策，給錢又給人。愈是偏鄉，老師人數愈多。日本訂定《偏鄉教育振興法》，按照偏鄉等級計算點數，比如到市中心的距離、巴士站數量、到醫院或郵局的距離等。點數愈多，老師薪資加給愈高。日本的偏鄉老師多是30到45歲，每3年輪調一次。因為穩定薪資與輪調制度，老師們都十分珍惜陪伴孩子的時間。偏鄉學校無法單打獨鬥，所以日本各地偏鄉學校成立區域性「偏鄉複式教育研究會」，分享教材、教具以精進偏鄉教學。

專訪苗栗泰安鄉梅園國小高孝麟主任

苗栗縣泰安鄉梅園國小是特偏學校，位於一千多公尺的高山上。因為太高了，所以毒販不上來，部落目前還沒有吸毒的問題，但鄰近已有些部落淪陷了。學校有12名學生住宿（目前有46位學生，均為泰雅族人），補救教學分日夜兩種班別（均由教育部補助），二年級、中年級、五年級、六年級等共四個班。高孝麟主任是英語老師，他說，有些學生雖然前測通過，但分數在邊緣，仍然加入補救教學班，還有少數特教生也參與。孩子雖然六年級了，但往往得補救三、四年級的課程（苗栗縣國小英語從三年級開始）。所以補救教學的進行，不在乎進度，也不以「後測」通過為標準或壓力。

因為，同一個補救教學班的學生，程度仍有差異。只能儘量將最低的學生拉上來，使其與他人的差異減少，不可能全部學生都通過補救教學的「後測」。偏鄉學生升國中及參加會考時，成績仍

● 淑俐老師到苗栗縣最偏遠的學校 —— 泰安鄉梅園國小

然跟不上都會區的同學。所以高主任對於高年級的英語教學，目前已改變策略，段考會加上50%的會考題型，讓學生先行適應，以免城鄉差距過大。

補救教學制度對原住民學生的未來幫助有限，因為他們通常最多讀到高職畢業，之後即就業或回家幫忙務農。男生服兵役時，一半會選擇服志願役，因為賺錢比較多。女生甚至在高中年齡即結婚生子，讀大學的機率極低。雖然高主任極力輔導，仍抵擋不了家長複製其命運給兒女的影響。因為家長自己沒讀書，收入也低。他們看不到讀書能帶來什麼，反而擔心孩子外出讀書會改變。因為看不到孩子會變成什麼自己無法掌握的模樣，所以索性要他們早點回家幫忙。下山讀國中，對孩子的命運改變有限，因為所讀的國中，會考成績或升學率並不算好。高主任能讀大學而且出國留學，這樣的經驗對族人而言，不是激勵而是特例或例外。他們覺得是高主任的頭腦特別好，自己的孩子絕不可能做到。所以學校只能儘量幫學生找出路，梅園國小目前找到的是柔道（可升學）及泰雅舞蹈（可表演賺錢）。

原住民學生的家長，其學歷及收入都差，賺不了多少錢又不懂儲蓄，沒有動力改善生活現況，無法保障孩子應有的溫飽。他們的觀念是自給自足，對於明天沒有計畫。尤其在課業上，更完全依賴老師，不會多要求孩子。

● 苗栗縣泰安鄉梅園國小‧角力隊

● 苗栗縣泰安鄉梅園國小‧柔道隊

● 苗栗縣泰安鄉梅園國小‧泰雅舞隊

　　高主任說，苗栗偏鄉學校不論一般師資或補救教學師資，均無問題。一般師資縣府都給予正式教師缺額，補教師資則由校內的老師擔任，包含夜間（因為有老師住宿）。

第二節　從輔導角度看補救教學──蘇鳴全／池上國中專任輔導教師

　　池上國中的專任輔導老師蘇鳴全說，從事教育工作以來，在學校看到老師對學生的付出與用心，讓我在腦海裡浮現過往求學階段的許多回憶。唸小學、國中時，並沒有補救教學這個政策，存在的是「藤條教育」，也就是六、七年級生常聽到的「少一分打一下」、「不會就打到會為止」，有人會笑說「當時的成績都是被打出來的」。我本身很怕痛又愛面子，所以常提醒自己把成績顧好，未達標準會痛又丟臉。回憶當時，我一直以為成績好，是因為自己怕痛而認真，事實上是遇到很棒的老師。

　　我本身是特殊生（視覺障礙中度），從小學到高中都遇到願意在課

● 池上國中專輔蘇鳴全老師

後花時間幫我進行課後輔導的老師。現在我常跟學生分享，當時老師只要多拿一張考卷給我寫，或多拿一本練習題給我回家練習，自己都覺得很開心。而且老師要花額外時間幫我檢討，用自己休息的時間個別教學。

在學校看到很多像我過去遇到的好老師，為了協助學生學習，利用早自習、下課時間、午休甚至放學後幫學生加強。以經濟學角度來看，這樣的投資報酬率，根本不划算。但以教育的本質來看，卻非常值得。老師對學生的堅持與不放棄，間接帶給學生啟發；不管學習或未來的人生，都要堅持不放棄。

一、接受特殊教育服務——一週一次的巡迴老師

我不是先天視障，小學三年級以前，我像一般孩子一樣。他們能看多遠，我就能看多遠，他們能看多小的東西、字體，我也能。但小學三年級某天，我的眼睛突然覺得怪怪的，不會痛也沒有不舒服，但視力慢慢變得模糊，看了很多醫生也無法治療，最後只好無奈的接受這個事實。

剛開始在學習上非常地難以適應，每天要帶比別人大又重的書上學，看書、看黑板需要更換不同的輔具，看黑板用望遠鏡，看書、看紙本要換成放大鏡，寫字時沒辦法把字寫好，常常筆畫黏在一起或寫錯字，學習的過程真是悲慘。之前我的成績一向都是班上前三名，發病後就都在十幾名。因為自尊心很強，心理上非常難受，開始自暴自棄：「我現在就是如此，無法改變什麼」，變得非常消極。

小學五年級，教育局派了一位特教巡迴老師來教我，我很抗拒，甚至

覺得她在找我麻煩。「我這樣寫也可以寫出這個字啊！為什麼要糾正我，你教的筆畫難寫死了。」內心雖不甘願，但感覺巡迴老師很堅持，到後來我也投降了。小學六年級起，對這位老師比較不抗拒，也發現到以她的方式寫出來的字，就是比我自己寫的漂亮。而且她常提醒的地方，只要我在考試時不犯錯，就不會被處罰。但這樣的資源一週只有一次、兩節課，在我不抗拒且每一次看到她都覺得開心時，覺得時間好短。每次來教我寫個字、訂正習作，時間就到了。雖然老師不會立刻離開，還會再花一些時間教我，我還是覺得時間不夠。

　　現在想起這位堅持陪伴我的老師，真是很感謝。讓我從一個抗拒一切的孩子，重新找回過去的自信。因為她的堅持與不厭其煩的糾正，讓我找到適合自己的學習方式，也為日後的學習奠下了基礎。

二、被關注的學習

　　國中3年，可說是我學習的關鍵期。當時國、英、數三科的老師，很常用額外時間幫我加強。國文老師利用午休時間，找我與班上幾個同學到圖書館寫另一份考卷，寫完立即檢討。不只這樣，還規定下一次要考的內容。當時自己不知為何被選去加強，卻不是補救課程內的東西，而是額外的國學常識或成語，成員裡面也有班上成績不錯的同學。這疑問一直到現在，但這過程我覺得是有效的。

　　這位國文老師讓我印象很深的是，每次段考前，她總會要大家訂定預設的成績目標，我想訂85分，她說「我覺得你可以90」。直到國三最後一次段考，我終於達成90分的目標，當時真的非常有成就感，從此找到學習國文的自信。

　　英文老師與國文老師非常類似，也利用下課時間或早自習，要求我背額外的單字與一些單字的過去式。跟國文一樣，我也不懂為什麼要比別人先把課本後面的動詞單字背起來，而且老師還在下課時，叫我到辦公室考單字。因為英文老師也是班導師，所以我曾問她為什麼我需要先背單字，老師回答：「課文中的單字你很快就能背起來，所以我覺得你可以挑戰背後面的。」聽完老師的回答，我發現老師在上課時都會觀察我的學習情

形，當下雖覺得緊張也很開心。緊張的是每次上課都被老師盯住，開心的是老師關心我。

在數學方面，常在考試時比別人多一張考卷，放學時老師還找我去他家寫數學練習題。數學的學習對我來說比較沒什麼問題，唯一的問題是視力的減弱，所以沒有以往那麼積極，不想更進步。老師很清楚我的能力，下課時約談並給予鼓勵。常找我到教室角落，詢問我最近學習上有什麼問題。記得畢業前夕，自己原本想唸商業方面的科系，他就幫我分析選擇該科可能遇到的問題，鼓勵我去考高中的數理資優班。後來我評估自己的狀況，並沒有選擇此方向。這位老師不只在學習上給予加強與鼓勵，在生活的其他方面也給予引導。

這個階段對我來說，最重要的是老師的鼓舞與陪伴。父母雖然重視我的學習，但根本沒有陪讀的觀念，不會的問題也沒辦法問他們。這3年裡，我感受到老師們的用心，並在學習上給我鼓勵，大大增強我的學習自信。

三、從輔導看補救教學

從事輔導工作7年多來，發現孩子的問題錯綜複雜。大多數有偏差行為的孩子，也有學習低成就的問題。學習輔導方面我會回到輔導的本質，從了解學生開始。就輔導的角度看補救教學，我認為有以下幾個方向：

㈠ 認識眼前的孩子

在偏鄉，很多孩子的家裡，根本沒有一張桌子能讓孩子讀書、寫作業。就算有，也可能有很多功用，是飯桌加客廳桌及放雜物的地方。孩子的學習環境並不好，寫作業的地方就是客廳或飯桌。有些孩子雖然有書桌，但回家後要打理晚餐，還要幫弟弟妹妹洗澡。可能作業寫到一半，父親或母親酒醉回來，開始大呼小叫、發酒瘋，或是父母親經常吵架甚至上演全武行。

有人可能說，如果家裡不能唸書或寫作業，為何不到圖書館之類的地方？但，在偏鄉的一點點距離，都是好幾公里，有些學生上學要騎三十幾

分鐘的腳踏車。距離遠就算了，很多地方沒有路燈，晚上外出不安全。以上這樣的狀況，即使是我，也一定會受到影響，會無奈的接受現狀。面對這樣的孩子，從事輔導工作時，要多「同理」他們的無助感，與之建立穩定且信任的關係。

(二) 自身的經驗──陪伴

　　很多孩子都缺乏父母關愛，很多父母可能質疑：「我都給他用好、吃好，這樣還不愛他嗎？」「他缺什麼文具我都會買給他，這樣叫不關心嗎？」「我都送他去名師的家教班，這樣叫不重視他的學習嗎？」孩子其實要的不多，只希望父母陪他們一起唸書、寫作業，一起運動、玩耍，只希望父母給孩子多一些時間，不要只是工作或想其他事情，就是單純的陪伴。或許有人會問：「國中生根本不喜歡有人陪，他們想有自己的私密空間與時間。」沒錯！國中生的確如此，當我們關心他，他的回應看來很冷淡，其實心裡是溫暖的，因為有人在意他。在很多朋友身上，我也看到他們從小到大因為父母用心的陪伴與引導，到了國中也不排斥父母陪他們讀書、運動等。因為他們的父母知道怎麼與自己的小孩互動，並給他們需要的個人空間與時間。

(三) 給予鼓勵增強

　　在我的求學階段裡，經歷了「打罵教育」、「藤條教育」，有人認為這樣的教育方式效果很好，能立即改掉壞習慣，打了就不敢忘記。這樣的效果我不否認，但這樣的過程，容易讓孩子退縮且變得沒有自信。從輔導的角度來看，對於孩子的學習應該多予肯定，從孩子身上找到正向力量來鼓勵他。當孩子回答問題時，應該多給予引導，不要立即否定。很多孩子本來就沒有自信，立即否定後，下一次要他回答問題，就會感到害怕。有人可能覺得「這樣也太草莓了吧！」「太玻璃心了吧！」「我以前也是這樣，現在還不是好好的」。但有些孩子心理上就是較為脆弱，無法將負向情緒快速轉為正向。

第三節 多元教育下提供弱勢學生之教育措施——徐美慧／曾任台北市雙園國中輔導主任

　　曾任雙園國中輔導主任的徐美慧認為，學校應提供良好的學習環境、學習方式及課程，並了解學生的背景與個別差異，以提升學習成效。尤其在大環境經濟不景氣，加上單親、低收入、隔代教養、新住民等組成的弱勢學生，他們的學習需求該如何滿足？弱勢學生的父母忙於生計，無暇顧及孩子的教育；甚至家庭失能無法發揮教養孩子的基本能力，導致學生學習成效薄弱，產生偏差行為。

　　教育部為照顧學習落後學生，幫助受到家庭及社區環境不利影響的學生，而實施《攜手計畫》，這項方案具幾項特色：

　　1. **與大學攜手合作**：引進大學生進行補救教學，也提供經濟弱勢大專學生服務機會並紓解經濟壓力，實現關懷弱勢的理想。

　　2. **以補救教學為主**：利用課後學習輔導，強化學生的學科學習能力及成效，以提升學生競爭力。特別是都會區的課後時間，學生通常流連網咖、在社區遊蕩等，稍一不慎就易受誘惑，引發不良行為。

　　3. **採精熟原則**：學習課程以強化學生學習能力，及提升學習能力落差之學生為主，務必使每一位學生都能達到精熟學習之目的。

　　有些學習低成就的弱勢學生，必須再三遊說，方肯參加補救教學。上課之後又藉故缺席，需耐心勸導才能持續參加，對行政人員是一大考驗。

　　由於大學生的年齡、表達方式與中學生的差距較小，縮短距離後，學生勇於發問，提高學習興趣，課堂上學生的笑容變多了，對學習也較無壓力，達到扶助弱勢之目的。弱勢家庭的家長社經背景低，因經濟不穩定而產生教養兒女的困擾。經過學校的學習輔導，在成績上雖未必有顯著的進步，但是多數家長對於學校肯幫助其子女，仍表示肯定。

　　台北市政府教育局為滿足學生的多元需求，發展學校特色，開發學生的多元能力，導引學生適性發展，近年來提供學校專案經費補助。針對新生入學辦理國、英、數銜接課程，還有夜間英語營、寫作營、天文研究

營、自然發音班、全民英檢加強班等。聘請具有專長的老師，指導校內球類、樂器、家政、美術、資訊、童軍等社團。

眾多社團中，英語自然發音班深受體育班學生喜愛。由於學校認為這群小球員有出國訪問、交流比賽的機會，開口說英語成為提升自我的基本條件。獨輪車教學也相當特別，98年萬華區開辦希望教室，服務小六與國中「高關懷學生」。邀請國家一級特技團演員，利用週四下午第九節到校指導。這是一項困難度頗高的技藝，為了鍛鍊平衡感，從定車、上車到享受獨輪車奔馳的快樂。參加成員必須一再忍受摔車的挫折感，在克服困難的過程中，淬鍊出一股不服輸的精神，終於進步到能夠控制自如，並於學校日安排在上百位家長面前演出，博得如雷掌聲！

如何讓弱勢孩子得到有效關懷和照顧，避免在不景氣時代更為弱勢，是台北市政府教育局訂99年為「教育關懷年」的主因之一。市府召集8所位於弱勢學區的國中，自98年9月起實施精進開發學校試辦計畫，為期3年，目的在提升學生學習力，使學生學習更多元。雙園國中《精進開發學校試辦計畫》實施成效如下：

1. **撞球隊**：撞球是一項需要運用腦力計算角度和力度的運動，加上學生課後喜歡到撞球場，因此成立「撞球隊」。每週六上午10:00-12:00，學校免費為14位同學提供學習場所和師資。學生喜歡敲桿的樂趣，當課業或行為表現進步時，導師也會陪同玩個幾局，師生感情增進不少。

2. **太鼓隊**：本校學生活潑好動，所以請具有太鼓專長之音樂教師帶領，利用社團時間及假日練習。半年後16位同學參與校內外演出，深受社區好評。透過太鼓練習，學生學習專注，遵守團體紀律，無形中對導師班級經營產生幫助。5月底參加外交部非洲司舉辦之「愛在非洲」活動，來自非洲甘比亞、馬拉威、布吉納法索等國之大學生，到校學習擊鼓才藝。雙園國中的孩子藉由這次文化交流，學習開口說出不流暢的英語，並登台合作演出。在觀眾熱烈的掌聲中，使原本羞澀的青少年展現了潛能，也肯定了自己的能力。

3. **悅讀班**：本校學生缺乏閱讀習慣，專注力與耐力不足，因此，七、八年級利用每週三下午第六節空白課程開辦「悅讀班」，由任課教師引導

學生利用班級書庫精進閱讀，並辦理「精進學校計畫好書閱讀心得寫作及插畫競賽」，學生參加十分踴躍。

　　為解決國民教育長期以來的城鄉教育失衡，與少數弱勢族群未受到積極照顧的問題，本校依據《發展與改進國民教育計畫》指標，申請補助項目有二：

　　1. **推展親職教育活動**：除了以電話再三邀請家長參加，或請鄰近國小、社區里長協助張貼公告或廣播外，有時穿插摸彩活動或配合視聽教室增加暖場卡拉OK演唱等，吸引學區家長與社區人士前來。有次向學區里長募集白米，前10位簽到家長，可獲得10公斤的白米一包，其他20位可領取小禮物，當天最忠實的觀眾就屬這群大人。一年數場，雖耗費不少心力，但家長能汲取觀念、改變親子關係、減少家暴或學業中輟情形，形同造福學生。

　　2. **補助學校發展教育特色**：本校學生雖有近半數家境弱勢，但具有肢體表演方面的潛能。故運用此計畫補助成立吉他社、戲劇社，每週三第七節課社團活動時，外聘教師指導。戲劇社同學不僅在校內才藝競賽大放異彩，參加台北市97年性別平等教育戲劇比賽奪得第三名。社團成員參加高中甄選入學，也獲得錄取復興高中戲劇班。

　　吉他社同學在學校各類活動場合彈吉他高歌一曲，同學往往投以欽羨的眼光。本校以建構多元學習平台為校務經營主軸，樂於協助學生展現才藝，並帶到社區參與藝文表演。從他們自信的眼神裡看出，這些高關懷或瀕臨中輟的孩子已找到肯定自我的舞台。

　　根據情境／社會歷史觀點的認知學習理論，透過實務活動強化學習，能增強學習動機，進而終身學習。眾所周知的蕭敬騰，國中時就讀本校就熱愛音樂，學校藉著樂隊經費購買一套爵士鼓，讓他有機會學習，如今他成為音樂界風靡萬千的藝人。其兄長也是熱音樂團成員，曾返校為學弟妹演唱創作歌曲，同學聽得如痴如醉。教師在關注學生課業的同時，若也關心其潛能發展；學生受到正面肯定，學習成效也會有所提升。《多元智慧和學生成就》（*Multiple Intelligences and Student Achievement*）一書作者坎伯夫婦分享，如果學生快樂學習，並不會忽略學業成績，還可能因為懂得

自我約束，而成為團隊中能與人合作、懂得服務別人的社群分子。

　　教師應體認所有學生都能夠學習，但並不是所有學生的興趣、學習方式與學習速度都一樣。教師肩負啟迪學生運用自身優勢智能的責任，除表現於學科成效外，對處理問題的能力，也不可忽略。現今多數人重視學業成就，但應避免使孩子成為考試機器，自傲但無自信，缺乏處理危機能力。

　　上述四項方案的推動，對弱勢學生的協助非常大。或許行政作業相當繁瑣，抑或消極的行政人員也所在多有，但從長遠考量仍然值得。這群深具潛力的弱勢學生，或許眼前的學習成效相當有限，但任何協助成長的扶助力量，仍會埋下希望的種子，使他們有更好的發展，且願意幫助其他弱勢的孩子。

　　教育是成人之美，弱勢家庭的孩子不應該一直生活在社會底層，教育是讓弱勢學生翻轉逆勢背景的最佳方法。學校無法改變其家庭，唯一的方法就是改變孩子。帶好每一位學生，減少製造社會問題的機率。這需要教育人員用心擘劃，促進教育品質提升。

9 數學科補救教學的實務與心得

我們選擇一起陪伴孩子，在他走錯路前即時給予協助。把時間花在這裡，會比之後走歪了、很難回頭了才要處理，來得省事、省時多了。

～池上國中熱血教師詹永名

第一節　為什麼數學那麼難？

我讀國中的時候，還沒有「補救教學」這個措施；數學如果「跟不上」，一般同學可以去補習班、請家教，而我這種領清寒證明的經濟弱勢及單親家庭子女，只能希望任課老師「額外」幫忙。於是我的爸爸就跟老師說：「我的女兒一點都不笨，只是還沒學會；請老師多教幾遍或換個方式教，她一定能學會。」爸爸也鼓勵我：「當你覺得數學很難，是因為還不會；等你會了，就不難。」我的數學成績能夠「起死回生」，要感謝爸爸的正向暗示，以及當年數學老師的義務補救教學。

那時的補救教學，純粹是老師的犧牲奉獻。完全免費之外，還要供應餐點（常到老師家裡打擾）。而今有了補救教學的政策，狀況又如何？先聽聽下面3位在屏東縣某國中任教的數學老師，他們怎麼說？

李老師的心得

補救教學是對成績低落學生進行的適性教學，目標是「聽懂」而不強求「教完」。一次只教一個重點，之後立即檢查是否學會。學生在教師的指導下練習，可立即提供回饋和校正。是「評量—教學—再評量」的歷程，最終希望學生能跟得上原班的進度。

老師使用的教材及教學策略，是補救教學的關鍵。要針對學生的個別差異做基礎性、觀念性的再加強，給予更多指導，讓學生提高學

習興趣。採取「多元式表達」的效果最佳，亦即同一題目提供多種解題方法，使學生更易於理解。要了解學生的學習困難，爲其「量身訂做」課程內容及教學模式，方能契合學生的需求。

數學科的補救教學通常進步緩慢，非短時間內可以看到成效。需要教師耐心的指導，加強基本概念，鼓勵學生多問、多算，使其提高對數學的學習興趣，至少不再對數學那麼恐懼。有一位陳姓女生在國小時對數學沒什麼興趣，國中參加補救教學，因爲聽懂了，所以成績由丁等進步至丙等。

即使一句鼓勵的話、一個關愛的眼神，都能讓學生有所改變。期待補救教學的實施，能讓孩子補自己的不足，找到進步的空間。

的確，補救教學的進步較爲緩慢，短時間內不易看到成效。尤其數學科，是不少學生的「最怕」，不僅教師要有耐心，家長、學校行政、教育決策當局也要有耐心，肯花時間慢慢等待。不要揠苗助長，只想看到若干進步的表相；或急功近利，讓教師及學生承受不必要的壓力。補救教學不僅是眼前的進度，更可能要倒回去教，補足過去的學習缺漏。

補教教學的目標、方法與一般教學不同，是爲了讓學生「聽懂」而不是一定要「教完」。一個題目要提供多種解題方法，使學生易於理解，另外還要給學生鼓勵及關愛的眼神。教育家賈馥茗曾說（王淑俐，2007）：

一個班級最差的大約五分之一，未成年的孩子變化的可能性很高，有人發展得快，有些孩子開竅得慢些，所以不能立刻判他死刑，以爲他沒希望。中下程度的孩子，最需要老師；能把這類學生教得有進步，才是好老師。學得慢的就需要老師不厭其煩，爲他多說幾次。老師要時時刻刻注意程度較差的孩子，一有好的表現，就立即鼓勵他。老師要做魔術家，有許多戲法可變。如何教會中下程度的學生，就要靠老師的戲法了。

也就是說，補救教學的老師要比一般老師更會教，因為學生的程度較低，不容易理解教學的內容，所以最需要老師的引導。老師要像魔術師，以創意及巧手來變教學的戲法，尤其對學生覺得最困難及恐懼的數學科。

張老師的心聲

從事教育工作第9年，對於補救教學，我一直都積極投入，但卻感慨萬千，且以無力感居多。我知道數學對大多數學生而言是「惡魔」，我用盡教學策略，只希望有一點點改觀，至少不討厭上數學。

目前是我任教的第三所國中，無論哪一校，都很積極推動補救教學。第一所學校（私校）將同年級國文、英語、數學、自然四科成績校排名後25%者，集中一起補救教學（各開2班）。用意是好的，可是任課老師卻很難上課；因為組成分子不見得是自己教過的學生，所以秩序不好掌控。來補救的孩子覺得自己是被迫參加，本來就已經不愛上數學，現在就更不想來了。經常玩心一起，就把整節課浪費掉，結果當然成效不佳。

第二間學校（公校）推動攜手計畫，讓家庭經濟困難的學生（低收、中低收、清寒等）優先登記，剩下的名額再給其他有意願的學生。學校儘量排原班任教老師來上課，因為是自己班的學生，多少知道學生的狀況，上起課來不算困難，但成效卻呈現兩極化。若學生心態改變了，就能看到進步；反之，就仍舊考十幾、二十幾分。

目前在這個學校，我有兩個補救教學班，都是自己的任教班級，學生還肯學習。因人數不多，可以給予個別教學，學生的吸收效果不錯。成績中間的補救起來快一些，成績較差的，為了給他信心，只要弄懂基礎題就好，然後一直做練習，雖然進步很慢也沒關係。

無論怎樣的補救方式，我發現，推動這一部分真的頗為困難。真正的問題是國小階段的四則運算沒學好，接著學其他單元，漏洞只會愈來愈大。或許孩子有心想學，但找不到方法及累積過多的挫敗，就會開始反彈，數學成績更加一敗塗地。

　　進行補救教學，儘量以教原來任教班級的學生效果較佳。且要先花時間改變學生的心態，不能忽視學生厭煩、沮喪、挫敗、抗拒、恐懼等心理因素。教學之初，先不要在意他考幾分，打好基礎比較要緊。國小階段四則運算沒學好的部分，要先補好這個缺口，才有可能繼續往下教。

　　我的女兒在小學高年級時，也因為小數點的除法沒有學好，一直考不及格，開始「畏懼」數學。我擔心她放棄數學及喪失自信，於是陪她「每日10分鐘，快樂數學遊」。「快樂」是指做母親的我要做到「無論如何都不生氣」，以免因情緒失控（表情、聲音也隨之失控），嚇得她頭腦更加一片空白。而且我不要貪心，每天只要做10分鐘數學練習即可。時間一到，即使一題都沒算完，也立即停止。後來，她自己願意多算幾題，數學段考的成績也進步到90分。國中時，我繼續陪伴她算數學，時間增加為每天30分鐘。結果，七年級一學年內，她的數學段考成績就從60分進步到93分。

　　女兒的國中導師發現這個小小成就，於是希望我也幫班上其他同學加強數學（當時全班數學期末考平均51.38分）。於是我利用每週一至兩個早自習時間（各約50分鐘），到班上陪他們「動動腦」，激勵他們多算幾題數學。效果的確兩極化，有些學生成績突飛猛進，有些則依舊不及格。但他們懂得我陪伴及關懷的愛心，所以上課態度很好。

洪老師的心聲

　　數學其實是非常生活化、實用的知識，買東西要用到數學，娛樂遊戲要用到數學，報稅也要。然而，許多學生一聽到「數學」就頭疼，讓教數學的我感到很無奈。

　　每天我都利用一些時間做補救教學，「一對三」或「一對四」最為有效；一方面可適時鼓勵他們，另一方面能真正對症下藥。問題迎刃而解時，學生會有很高的成就感。

　　另外我也教一些生活化的數學，例如等差數列的撲克牌教學，總能引起學生莫大的迴響與興趣。可惜目前的數學太制式化，缺乏適

時回饋，只要求學生將做錯的題目訂正過來。「進度」左右了數學教育，「教完」與「教會」之間，常發生衝突。應該讓學生有成功的經驗，將題目簡化或給予提示，使學生逐步學習且學得會。當成績進步時，才有堅持下去的能量與動力。

「數學只要多練習，熟知原理後就會變簡單。當數學不再讓你痛苦，就變得有趣了。」這是一位參加補救教學同學的回饋，感謝他的鼓勵，讓我的數學教學不寂寞。

教育是一件長遠的工作，快則3年，慢則10年，才有一些小小成就。教育工作者願意努力，希望外界多給予一點掌聲與鼓勵。

補救教學以「一對三」或「一對四」的小班教學最為有效，題目簡化才能維持學習動機及產生成就感。教育本就是「十年樹木，百年樹人」的長期工程，一般教學都不應求速效，不宜強調績效或競爭，何況是補救教學？在數學這個科目上，尤其不要「刁難」學生。

第二節　文化不利對偏鄉數學補救教學的影響──詹永名／台東縣數學科補救教學講師

詹永名說，文化不利（Cultrue Deprivation）理論興起於1960年代英、美等國，該理論主張弱勢家庭（族群）在日常生活環境中缺乏文化刺激，不僅物質環境貧乏，文化環境如父母及鄰居的語言習慣、價值觀、態度、知識、習性等，才是他們學業表現欠佳的主要原因（教育大辭書，2000）。這類理論雖過於「宿命」，認為文化不利的家庭，終究無法改變，注定輸人一等。但文化不利情況，確實仍然存在於偏鄉，例如：偏鄉孩子較容易選擇土木科、美容科或餐飲科等，較不常選擇會計科、國貿科、建築或電機科等（台東縣甚至沒有任何藝術職群、外語職群的高中與護專）。因為偏鄉沒有「會計師事務所」、「建築師事務所」，或是需要室內設計師來設計房子的「現況」，偏鄉孩子對許多職業是陌生的。再例

如：並非原住民或新住民就沒有文化或文化高低之分，而是在主流「漢文化」的大環境下，大多數的求職機會、升遷考量等，不會因為熟悉原住民（新住民）的狩獵技巧、文化特色或語言能力，而帶來加分的效果。

並非偏鄉文化環境有缺陷，而是目前的學校教育及考試制度，是以中產階級的文化及價值為基礎。這種情況對於都會地區學生，自然較為有利。以數學科而言，諸如計程車的計費問題（偏鄉孩子得先搞懂什麼是跳表，並得釐清為何不在上車前把價錢講定）、高速公路國道收費的問題（偏鄉孩子根本無法想像走馬路還要收費），又或是到錢櫃唱歌，基本費與唱歌時數的應用問題（在偏鄉，唱歌是投幣式的），這些都是「以中產階級的文化所設計的考試制度」而產生的文化不利問題。對偏鄉的孩子來說，這些題目都不只是考數學，更是考常識、考是否具備「現代都市人」的常識。試想，若以「小明到秧苗場捲秧打工」或是「爸爸上山放陷阱」來出應用問題，那麼都會地區的孩子便苦惱了。但這樣的情況不會發生，因為106年國中會考作文考了「在這樣的傳統習俗裡，我看見……」，就被媒體強烈抨擊：此題不利於都會地區的孩子作答。然而，更多對偏鄉文化不利的考題，卻從未被主流文化重視過。

數學科向來都不討國中生喜歡，歷年國中會考的成績亦顯示，**數學科與英語科成績最差，雙峰情況最嚴重，城鄉落差亦最大**。但池上國中持續努力3年的學習輔導，有了顯著的進步。在教育部的補救教學測驗中，數學科通過率從50%提升到90%，國中會考成績A（精熟）與B（通過）的人數總和，從不到1/2提升到2/3（全國平均亦為2/3）。是怎樣的改變成就了這些？原因就在學校依照不一樣的學生需求，設計了不同的學習輔導課程，茲分述如下：

1. 早起的鳥兒有蟲吃：清晨6點半的數學教室

相較於都會學校，鄉下的小孩確實比較早起。利用上課前的50分鐘進行討論，無論是前一天作業的解惑，抑或當日課程的預習，清晨絕對是學習數學的最佳時機。

2. 最令人掙扎的奮鬥：犧牲午休值得嗎？

儘管有許多教師認為午休對於下午的學習有影響，但不可否認的，確

實有學生不愛也不需要午休，下午仍舊生龍活虎，不受影響。此外，對於早上無法提早到校的學生，中午的半個鐘頭，是一天中較難得可以不被打擾的時段。

3. 分組補救教學課程

搭配資源班，將學生依能力進行分組教學，程度佳者加深加廣，能力弱者增加操作與舉例。尤其因為無進度壓力，學會了再往下教，更讓學生有成就感而樂於學習。為了確實幫助與符合學生的個別差異，每一個學生都有「學習歷程分析表」，內容包括：段考成績、起點行為、學習習慣之優勢與劣勢、學習策略與調整。學習障礙或嚴重落後者（具有身心障礙證明），則交由特教專業教師進行更小班、客製化的學習輔導。

4. 夜間陪讀：18:30-21:30

放學後，在缺乏家長的要求下，要這群正值青春期的國中生乖乖把書本拿出來溫習，是件不可能的任務。因此，引導並陪伴孩子到鄉圖書館唸書，變成了一件「事半功倍」的措施。夜間到圖書館讀書，除了有冷氣可吹、有老師可問之外，亦可以培養善用圖書館資源的終身學習習慣，也立刻減少孩子們夜間遊蕩而產生的種種問題。

5. 假日課輔：08:00-17:00

偏鄉往往有一個特色，學區幅員廣闊，看似完善的夜間陪讀，實際上無法照顧到住在「更偏鄉」的孩子。夜間家長不願接送，在沒路燈的狀況下要孩子自己騎單車又太危險。週六假日陪讀，便因著這群孩子的需求而產生。偏鄉的好處是，學校是整個地區最有趣的地方，有同學、有球場，還有飲水機可以免費喝冰水。要孩子週六來學校溫書，家長、學生都很樂意。而且少了上下課鐘聲，整個學習的步調更可自己掌握。

6. 教師團隊與教學精進

「遇見好老師是家長的權益，而不是要靠運氣！」因著這樣的想法，教師不僅需要不斷精進教學，更要組成精進團體以彼此協助。當學校充滿了好老師，許多學生問題、教學問題都不再無解。以池上國中來說，週四下午的領域時間，會與鄰近學區的國小教師一起課程共備、教學分享與疑惑共解。藉由同一學區國中、小教師的共同對話，更清楚了解孩子們的學

習脈絡，更能找到問題、解決問題。

　　許多人聽到我們怎麼實施學習輔導，都有一種「你們一定都奉獻得很辛苦」的誤解。其實，偏鄉教師不僅不用面對恐龍家長（幾乎是都會地區教師的夢魘），更常的是收到家長親手做的饅頭、豆花或蛋糕；在社區、市場裡，可以感受到家長對老師的尊敬與感謝，這些可是偏鄉才有的「特殊禮遇」。而許多「額外的」、「假日的」學習輔導，要一個人孤軍奮戰當然吃不消，但如果全校老師一起參與，頂多2週才會輪到一次，便是上述提到好老師團隊的重要。我們都認同額外的時間拿來教學是輕鬆的，如果拿來處理學生問題才是疲憊的。我們選擇一起陪伴孩子，在他走錯路前即時給予協助。把時間花在這裡，會比之後走歪了、很難回頭了才處理，來得省事、省時多了。

　　附註：

　　詹永名老師不僅在超商、圖書館進行學生的課後輔導，也把自己的辦公室、住家變成了免費私塾，幾乎每晚都開放家裡的客廳、飯廳給學生學習輔導。

【夜間陪讀】

【分組學習】　　　　　　　　　　【假日陪讀】

　　另外，針對李家同（2015）對補救教學的若干見解，永名有不同的角度，如李家同說：

　　　他雖然已經是小六生，可能其實只有小四的程度，補救就要從小四開始。

　　永名認為，就心理層面來說，學習弱勢的孩子往往傾向「實務取向」而非「理論取向」。對補救教學的學生來說，「學了，要立刻用得到」，才會有興趣繼續學。以七年級學生來說，在補教教學班上將小四的數學學會，拿了100分，隔天到學校還是會充滿失落感，因為整節課還是聽不懂，「感覺」昨天的補救教學根本用不到。再者，國中生最重視面子，要一位七年級學生書包裡放著小四的補救教學數學課本，情何以堪？只要學生心中抗拒，就注定補救教學會失敗。

　　以數學教學來說，一位不會國小「小數轉換成分數」的國中生，不能學國中教材「多項式加減法」嗎？一位不會國小「單位換算」的國中

生，學不會國中教材的「尺規作圖」嗎？我自己的實務經驗是，數學科補救教學應該要直接上「目前的進度」（有些教師甚至認為應該要超前進度），讓學生在隔天課堂上「立刻」感受到「用得到」，立刻覺得「我進步了」，這樣才有信心努力下去。當學生自信心建立了，才覺得可以和同學平起平坐。遇到國小根基不穩而解不出答案時，再回頭針對會影響「目前學習」的國小基礎進行補救就可以了。當學生對學習產生自信，再用國中的心智能力去學習國小的相關教材，自然不會抗拒，也能達到預期的效果。

李家同說：

> 如果政府非常認真地辦補救教育，他應該看的是同學有沒有進步，而不是看他能不能跟得上目前的學校教育。

永名認為，當我們告訴一位國二學生：「你很棒，你花了一學期就從小四的程度進步到小五，整整進步了一年。」試問，這樣的鼓勵會讓哪一位國中生受到激勵？「不用跟別人比較，你已經進步很多了。」這根本無法鼓勵到正值狂風暴雨期的國中生。要檢視補救教學是否有成效，讓學生與自己比較，當然是一項重要指標。但是否能夠跟上目前的學校進度，更應該被要求、被檢視。

李家同說：

> 我們的孩子並不是每一個都非常聰明的，有些孩子的能力就到某一個程度，不可能再學非常難懂的學問。凡是通過最基本題目的同學，可以再考較難的題目，可是有些同學不夠聰明，老師就適可而止，不再要求他們考過分難的題目。這種做法一定會使得我們的同學有最基本的學識，也一定會很快樂的學習。

　　永名認為，即便身處偏鄉，他仍十分地不認同。以國中數學科為例，目前的國中教材已經是最基本的了，達不到標準就指責教材太難、題目太刁鑽，一再用「還有多少比例的學生達不到基本能力」來降低標準，只會讓老師與學生找到偷懶的藉口。達不到標準，不是用降低標準來達標，而是教師要更專業、學生要更努力來達成。

　　其次，降低門檻真的可以讓學生從此快樂學習？還是更失去突破困境的學習機會？以永名身為偏鄉第一線教師來說，他絕不輕易降低標準，因為孩子將來出了社會，也不能任意降低公司對他在工作上的標準。我們要做的是引導學生如何找到達標的方法，並陪伴學生達標。而非告訴孩子，你就只能學到這樣，這就是你的極限了。

第三節　補救教學之觀課與共同備課

　　為了更了解偏鄉之數學補救教學的樣貌，包括學習態度、教學策略、師生互動等情況，我選擇到池上國中，對永名的校內數學科補救教學進行教學觀摩。

　　池上國中目前的補救教學，兼採課後抽離式的小班補救及全學年一起進行的「分組教學」。後者的做法，以數學科來說，須全年級每班的上課時間相同，將學生依程度由高至低分為ABC三組，上課時依程度去不同班級。數學老師不像從前的能力分班，A段班的老師是明星老師，或由某些老師固定教某種程度的學生。補救教學的分組教學，要老師輪流帶各種程度的學生，才更了解學生為何學不會。

　　一般上課進行的即時補救教學，則採用分組的「合作學習」方式，也就是每個小組都有高中低不同程度的同學，由組內程度較好的同學擔任小老師，是一種互相幫助的「同儕學習」。

一、永名怎麼教數學？

　　永名的數學課很容易就抓住學生的注意力，使學生不怕數學。

法寶一：把數學課變成綜藝節目

教每一個新單元時，永名都用誇張的綜藝表演方式，將上課變成紅白對抗賽，以引發學習動機。再配合分組教學與探索學習方式，透過「做中學」來驗收成果。

法寶二：數學與生活經驗結合

除了教數學教科書的運算技能之外，他還帶學生到法院旁聽，促進學生思考學習的本質。法官旁敲側擊地詢問嫌犯吃什麼早點、謀生工具等，來驗證犯罪現場留下的螺絲起子和嫌犯的關聯。讓學生了解邏輯思考的重要，和練習數學證明題的必要。

法寶三：善用有趣的小道具

永名的班級經營技巧非常純熟，以流暢的教學活動及良好的師生關係，使學生活潑但遵守紀律。他沒有硬梆梆的要學生坐好、舉手發言，而是善於運用各組的舉手牌、答案牌等，使上課過程緊湊又有趣。

法寶四：共備課程

國中老師常認為小學老師沒把學生教好，因為缺乏先備知識，所以才學不好數學。為使國中老師不再抱怨國小的基礎沒打好，或國中及國小老師「各唱各的調」而互相干擾。池上鄉四所國小與一所國中的全體數學老師，一起到池上國中共同研習與備課。不是誰來教誰，也不說別人教得不對或不好，而是彼此對教學重點及困擾的分享與對話。從簡單的題目討論起，不追求困難的題目。例如106學年度策略聯盟的共同主題是「提升數學學習成效」，上下學期每月一次，總共八次增能課程，名稱如下（也包含一些與其他科目老師的交流）：

1. 六上課程易錯概念的加強策略、國中新生入學測驗數學試題與成績分析。
2. 各校提升學力作為與經驗交流。
3. 國小與國中（數學）教學目標差異。

4. 因數與倍數迷思概念與教學方法。

5. 百分比應用、體積與表面積迷思概念與教學方法。

6. 補救教學科技化評量系統。

7. 國中國文、自然領域閱讀理解策略教學成果分享。

8. 英語教師專業成長回饋與反思。

　　上述可知，「課程共備」不限同領域、同年級彼此分工合作、腦力激盪、教學觀摩等。還可延伸到學習階段的「銜接」，使老師在補救教學時不再茫然於「這部分他為什麼沒學好？」，甚至完全不明白「他以前到底在學什麼？」。

◉ 池上鄉的國中小學數學教師共同備課

二、補救教學的技巧

　　永名在進行補救教學時，看來與一般教學類似，也是團體教學模式，而非個別教學，但更強調下列技巧：

　　1. **聲音宏亮、口齒清晰**：我沒見過永名使用麥克風，可能是偏鄉學校的學生人數較少，以及他原本的聲音就很有精神。數學共備團隊曾經提醒永名，他的語速過快。永名原先不以為然，因為學生都聽得懂啊！後來他

還是放慢了語速，果然教學效果更好。

2. **活力充沛、熱忱滿分**：因為熱愛教育工作及學生，即使每天很早到校（早上7點），很晚結束工作（到晚上9點，因為不少學生還到家裡來做數學），教學、行政、輔導等工作接踵而至，幾乎沒有一刻喘息。但永名教學時完全不受影響、不打折扣，依然興高采烈。尤其是對補救教學班（C組）的學生，他們的反應沒有這麼快速、熱烈，當中還有特教生頻出狀況而妨礙教學，都不影響永名的熱情，他依舊高高興興、笑容滿面。

3. **幽默風趣、態度輕鬆**：幽默的措詞與態度，應該是永名最明顯的教學風格。加上豐富、活潑的肢體語言，以及富戲劇性的表情、語音聲調等，讓人不想聽課都難。

4. **熟悉教材、簡明易懂**：對教材的澈底了解，才可應付學生的任何問題，這是老師的專業表現。即使面對補救教學的學生，也絕不能敷衍，一定要教到他們完全聽懂為止。

5. **保持正面情緒、有耐心**：多說「好」、「對」、「我跟你一樣」等正面用語，絕不在學生面前表達真情緒（失望、傷心、生氣），以免打擊學生信心。這點我自嘆不如永名，偶爾我仍不免因學習成效不佳，而對學生表達沮喪、無力感等情緒。

6. **師生雙向互動、以學生為中心**：上課時與學生保持眼神接觸及不斷地互動，使學生一直在學習當中，且使每位學生都確實參與學習。

7. **不求多與快，只求學會**：補救教學難免要倒回從前的進度，彌補當時沒學會的地方。所以老師要沉得住氣，每次的教學目標雖小、題目雖少，都要踏實完成，不求教得快、教得多。

在此也要介紹池上國中另一位數學老師，擔任總務主任的曹仲宇。他與永名是大學同班同學，畢業後一起到偏鄉教書20年，如今也定居池上鄉。他很低調，一直拒絕我的觀課要求。但以我對他的了解與近身觀察，他的人格特質與教學模式，非常適合偏鄉。他的外貌及穿著十分接近青少年，他的動作及心境也是如此，看來清爽俐落，彷彿「船過水無痕」，遇事不執著、不爭辯，很有彈性、能夠變通，是那種絕對不會「心理便祕」，自然就能「與人打成一片」的人。所以偏鄉教學的困難與問題，不

會停駐在他心裡。見到他，永遠都很輕鬆愉快，愈教愈年輕，成為永名的最佳拍檔與最強後盾。

每次國中會考成績公布，都會發現英、數雙峰現象依舊，拿A的高分群和拿C的低分群，比率最多。英、數兩科均有逾三成拿「待加強」的C，多年來沒有顯著進步。這突顯國內補救教學的盲點，除了教材教法要改進之外，也不能等到升上國中才補救，國小就要「即刻救援」，以免不懂的愈積愈多，到國中已全盤放棄。國內補救教學的一大盲點就是太晚補救，很多孩子小學階段就沒趕上進度，升上國中已難補救，導致很多人到國中早已放棄英、數。補救教學應即時發現孩子趕不上的地方，立即抽離出來，另找老師補救，教材教法也應隨之改變。國中會考「待加強」的學生，升上高中職之後，必須參加補救教學。但這些學生在國中時就已經參加過補救教學，升上高中職又要繼續參加，這麼多的補救教學，是否真能幫助他們？值得好好思考。

在偏鄉任教的老師發現（林小白，2015），原住民學童的課業表現確實不如都會學生，卻能熟練的協助家裡務農，背著幼小的弟妹、打掃家庭並準備晚餐，或跟著長輩到山裡追蹤獵物、架設陷阱。或許這些原住民學生讀的「書」並不是教育部指定的「書」，一味要求課業提升，似乎會陷入一種危機。偏鄉學校除了「訓練」學生考試，是否更應協助學生培養正確的生活價值觀，充分開發和都會學生不同的優勢長才。反之，西部都會明星學校的中小學生，課業表現確實亮眼，但多數不會拿掃把及洗抹布，更遑論洗米煮飯、野外求生，這些是否也該補救教學？

資深教育工作者（南投市）李凡說（2018）：

> 我不喜歡用弱勢來看待學生，當老師如此看待時，心裡是同情可憐，還是放低標準不要求？每個人都有弱勢，也有優勢，也許你看到他經濟弱勢，我卻看到他吃苦耐勞的學習優勢，把弱勢轉為優勢，才有翻轉可能。

　　李凡說自己也來自偏鄉，母親是文盲，但她用身教讓李凡學到做人的道理。兄弟姊妹能成功翻轉命運，都是因為在刻苦環境下，不得不全力拚搏。而有些學生來自隔代教養的家庭，表現依然優秀！因為阿嬤雖沒受過啥教育，但她教導孫子做人，是支撐孫子努力向上的力量。李凡說：「政府應製造並給孩子翻轉機會，教育應具有提攜孩子翻轉的使命感。」沒有長輩提點也就罷了，若來個不肖長輩教壞囝仔大小，怎麼辦？偏鄉或弱勢家庭的補救教學，其輔導重點首要應是家庭議題和衍生的很多課題，而非只是單純的課業成績。

英語科補救教學
的實務與心得

I'm on the top of the world lookin' down on creation
And the only explanation I can find....

最關鍵的還是老師那一顆「真心」，唯有真心，才願意耗時耗力的從根本補救學生。

　　　　　　　　　　　　　　　　～池上國中英語老師江瑜軒

第一節　Tony 的英語補救教學心得 —— 簡星東 / 宜蘭縣復興國中英語教師

　　簡星東老師說，對於補救教學這個課後班級，我從七年級開始帶到現在近2年，歸納同學的上課狀況與學習成效，我想從三個方向來聊聊自己的心得，分別是：怎樣的學生適合補救教學？較好的補救教學形式與內容為何？參與補救教學課程的學生需要的心理改造為何？

一、怎樣的學生適合補救教學？

　　大多時候學校的做法是，讓孩子們先做電腦檢測，用不到一節課的時間，在電腦上完成國、英、數三科的線上測驗，不合格同學便列入補救教學名單，再發通知及補救課程同意書給家長。這份名單與段考平均每班成績最差的三位，往往差不多。但僅用成績來決定補救名單，容易忽略真正有動力想要奮鬥的孩子；他們或許不是成績最差的三位，卻是非常需要協助的一群孩子。

　　即使是成績最差的幾位，影響他們成績的因素，也不只是學習能力，更多的可能是家庭因素、朋友影響，甚至是個性或特殊障礙。這樣的孩子需要更多教學以外的協助，才能慢慢回到正常的學習道路。但是，現階段的補救教學，有時可能會變成只是在校內多上一堂課，類似課後補習一樣。無心上課的孩子，最後成功的機率仍是相當低！

　　為了在有限時間帶給孩子最大的幫助，一開始的名單評估與選擇方式，就必須更謹慎，以明確地找出需要的孩子。也許不是成績最差的，甚

⬤ 宜蘭市復興國中簡星東老師的教學之一

⬤ 宜蘭市復興國中簡星東老師的教學之二

⬤ 簡星東老師的零食獎勵攻勢

至是成績表現好的，但努力的心卻非常明確，就可以成為補救教學班的一員！我目前就是採取這種做法，我願意額外提供孩子們所需的補救教學課程，也建議日後的甄選方法可調整為：

1. 評估段考平均成績與線上測驗之後，同時面談孩子們對於學習的想法與對未來的想像。

2. 問問孩子們對於補救教學的想法與認知。

3. 補救教學也需要母雞（小組長）帶小雞的同儕或合作學習，若能找到合適的母雞，參與補救教學課程便是助力不是阻力。

二、補救教學的上課形式與內容

補救教學的上課形式與內容，我試著分成兩個方向來思考，最後再分享我的做法：

㈠ 單純講授式

首先我們可以思考原本班級的上課形式，如果是單純講授，針對需要協助的同學，就缺少反覆練習或是怯於在英文成就高的同學面前開口回應，只好錯過練習或累積許多疑問，無論在學校還是補習班，久而久之自然缺乏學習興趣與熱忱，漸漸走進「習得無助」的漩渦中。單純講授式教學若要成功，考驗的是老師如何深入淺出，有效地抓緊每位同學的專注力；並且隨時拋出問題與同學互動，又能營造一種輕鬆自在、不怕犯錯的氣氛。如此一來，講授式教室便能成為充滿教學魅力的舞台，同學們也能感受到教學熱情及容易吸收。但是班級學生的組成有太多變項，不僅考驗著教師本職學能的專業，也檢測班級經營的技巧，要做到面面俱到，真的不太容易。所以教學現場便一再出現同樣的問題與面貌，很難使學習較差或不適應者得以突破。

㈡ 翻轉教學

近年來出現所謂「翻轉教育」、「翻轉教學」，期待能照顧到每一位孩子。透過各種合作學習或分組討論，確實解決了許多教學困境。補救教學政策的加強推動，例如國中會考的減C目標，即使翻轉教學能幫助孩子

加快學習速度，仍有不少孩子需要更多的學習輔導，課後繼續補救加強，才能順利趕上原有的學習目標與成果。

㈢ 我的補救教學形式與內容

1. 上課成員的組成

我的第一步仍是找出最合適的教學對象，接著每週兩次的課後教學（4:15～5:00）45分鐘的時間，提供給我任課的四個班級。我先說明開設補救課程的原因，主動邀請大家參加，而不是讓同學被動地接受學校發的補救通知單與家長同意書。同時我也請導師鼓勵任何需要協助的孩子，加上教務處原本的補救線上測驗名單，我們便完成班級成員的組成。我將教學進度與內容，即時於Facebook社團上分享，家長或其他同學的留言，參與補救的同學的進步，加上我的引導與鼓勵，無形中都提升了他們的自信心，也吸引了原本不敢跨出一步來參與課程的同學。我歡迎隨時加入的新成員，甚至有些同學在去校外補習班之前，仍堅持先來我的班上課20分鐘，如此積極的態度讓我感動不已。若有成員希望中途離開，除非不可抗力的因素加上我的評估，才會讓他們完全退出。否則仍鼓勵他們至少一週參加一堂課程，才能持續學習的動力！

2. 上課形式與內容

我並沒有安排特別的座位，更沒有按照學生的英文程度來分組。孩子們只要找到自己最舒服的學習方式，無論坐著、站著或跟好朋友一起坐都可以。還可邊上課邊享用我為他們準備的點心，只要不干擾到其他同學，自己也能專注學習，任何讓自己自在的學習方式均可。

至於上課的教材，我會從最基本的音標與文法開始。藉由音標，使學生對英語單字的組成與發音更了解，建立他們對於字母與單字拼讀的信心，進而對短句能掌握。了解英語的基本文法規則，讓他們與中文語法做比較，針對詞性的運用，結合中文的觀念，漸漸習慣英語的語法。然後透過簡單句子的翻譯練習，重新建立學習的信心。更重要的是，透過生動的例子解說，學生在能力相似的團體中，能感受學習的樂趣與成就。文法課程部分，我推薦李家同教授與文庭樹老師編寫的《專門為中國人寫的文法書》一書，內容淺顯易懂，也提供許多練習讓同學們能澈底反覆練習。

　　另外，學生需要主動做筆記。我不強迫他們抄寫每一個板書或講義重點，但是每堂課都要有收穫，並且試著記錄下來。教學過程中，我不斷提問，挑戰同學對於觀念的認知是否正確，正確就大大的讚美，錯的話則給予足夠思考的時間與機會學習，直到完全理解為止。最後也是最重要的一點，在原班上課時要給予他們表現的機會，才能真正引發學習的動力，漸漸脫離無助感。我習慣以現場提問取代紙筆測驗，更不需要打分數，就算要評分，也確定大家都能得高分。增強物可別忘記囉！哪怕是一點點獎品甚至獎金，對認真學習的孩子都是很棒的鼓勵。

三、參與補救教學課程孩子的心理改造

　　關於這一點，我想從正向心理學的角度切入。我的碩士論文是「正向心理與未來願景教學對國中學生英語學習成效之研究」，我發現這一群需要協助的孩子，大都很小就對英語學習感到無助，不僅在學校得不到有效協助，補習班也給他們很大的挫折感，在補習班的能力差距跟學校一樣大。加上老師與父母親過高的期待與過多的責罵，累積的負面情緒與失敗感，使孩子變成對學習漠不關心，學習熱忱早被拋在腦後。

　　要重拾孩子學習的熱情，必須從多方面下手，包括對未來願景的建立。於是我從生活中教導學生運用英文做好事、學習感恩，讓孩子了解英文是一項與國際接軌，能成就更多善事的橋梁。例如：我們曾經用英文寫信給歐巴馬總統，關切敘利亞內戰的問題。舉辦公益活動，繪製英語鼓勵圖畫給尼泊爾，安慰他們地震受災的心情。今年我們參與國際特赦組織的寫信馬拉松活動，透過英文，我們能直接表達最有力也最清楚的訴求，練習寫出安慰的語句，或是對當地政府的呼籲。

　　除了做好事，我用英語活動影片記錄生活，讓孩子們看到英文如何運用於生活中。在補救教學上，我也分享許多活動，例如家樂福英語之旅，帶領學生到宜蘭家樂福，完成簡單的學習單，讓他們看見英文就在生活中。不斷潛移默化，重塑或強化他們對英文學習的願景與動力。有一天我們會發現，學生上課的眼神不同了，回答問題變積極了，未來的夢想明朗了，最後就是散發出自信心，這些正發生在我的補救教學班上，一再提醒

我朝著對的方向前進。

補救教學除了可提升英語能力，也引導他們建立生命的價值觀。到最後，我們不再稱呼自己是補救課程，而是英文文法課後加強班。因為我們的上課內容不僅有深度，有時更勝課本。孩子們的心態已經轉變，不再是被動的補救，而是主動的**學習**。

第二節　一起點燃師生的英語學習熱忱 —— 江瑜軒 ／池上國中英語老師

江瑜軒老師說，大學教育學程修畢，學校實習之後，我沒有應屆考上正式老師，而是開始了在台中代理老師3年的生活。當時的我，對於「補救教學」這個詞彙，一點概念都沒有，只大概把它歸納成「多一節出來上正課」。心想，可能因為英文是主科，需要多一節課加強吧！好貼心啊！當時的第八節都是全班參與，頂多是把上午教過的內容稍微複習一下，接著就繼續趕課了，多一節課用起來，其實也從容自在。到了第三年，突然聽到「攜手計畫」這個名詞，是由較少學生組成、以補救基礎知能為主的課程。然而，仍覺得「攜手計畫」不關我的事。一直到我考上台東的池上國中，才開始對「補救教學」真正有感，「城鄉差距」突然變得清晰，「封閉消極」、「毫無學習動機」這一切的一切，都強烈衝撞著我！

就是有幾個學生，單字怎麼都背不起來，單字不是就寫寫唸唸就會的嗎？怎麼就是有人，連七年級第一單元Starter都沒有印象，不就是國小內容的延伸嗎？自認還算有耐心的我，都不禁感到不耐與厭煩。好吧！既然每個班都有一節第八節課「英語補救時間」，那就拿來把今天上午的課「重新教一遍！」結果，換來的是一堂又一堂課的挫敗！單字帶學生從頭唸，句型觀念再講一次，他們還是答不出來。氣急敗壞之下，我做了一個結論：「一定是學生沒有心！」於是一個禮拜一次，每次從零開始「補救教學」，著實對初任教師的我，造成很大的壓力。

有一次上課，我不知哪來的主意，心想：「每次字母都按A到Z的順

● 池上國中江瑜軒老師的教學

序不好玩，不然跳著考聽寫好了。」這一考我才發現，天啊！原來有人連字母聽寫都寫不出來，原來有人對字母小寫不熟。好多好多的「原來」，對我猶如「當頭棒喝」！「原來」不是學生學不會七年級的內容，而是根本沒有英語基礎；在我的誤解之下，被強逼著蓋一棟沒有地基的空中閣樓！身為一個給予支持及輔助的老師，我應該要察覺學生的不足並加以鞏固。我開始懂得「補救教學」的意涵了，每個孩子欠缺的狀況或材料不同，蓋房子的進度因此不一樣。老師就好像工頭，要按照孩子先天及後天的條件，給予加強與輔助。

　　台東縣是一個狹長而美麗的地方，擁有豐富的天然資源，但從西部來到偏鄉教書的我，卻被偏鄉教育根本上的不足嚇到了！家，為一個人的根本。我們一出生所接受的價值觀、是非判斷、生活常規到自我認同、自我應驗，都來自於家庭教育的內化，影響我們往後對於學習、工作以及待人處事的態度與努力程度。但在偏鄉所看到的，是家庭普遍對教育不重視。學習落後的孩子，最需要寒暑輔的補救教學，補足這學期落後的進度。學

習落後的孩子，就是老師願意付出額外時間，利用假日甚至夜間課輔時，最該來的一群。學習落後的孩子，就是每學期家長座談會時，家長最該來學校了解孩子狀況的一群。學習落後孩子的家長，更應該每天檢查聯絡簿，掌握孩子寫功課的狀況。

然而，我所接觸到的卻是：「老師，我的小孩就麻煩你了……希望老師可以盯他的功課，從小他的功課就不太好……。」彷彿孩子就是學校的責任。學校老師需要父母付出，需要他們盡到責任約束孩子的上網時間，他們卻只會輕鬆一句：「老師，我管不動！」老師希望孩子參加寒暑假的課業輔導，老師希望孩子能規律到校，家長卻可以因為去台東買東西、孩子前一晚熬夜打線上遊戲而起不來，就幫孩子請病、事假。身教大於言教，這樣因循苟且的態度讓孩子看到，最終會學到什麼做人處事的態度？

我又觀察到，國中之前的英文教育，被「快樂學習」改變了走向；為了怕孩子對相對困難的第二外語——英語產生排斥，國中之前的英語學習，多以遊戲或歌曲包裝。不可否認的，遊戲跟唱歌的確是提供英語情境及提高動機的好方法，不過動機提高之後呢？英語能力的提升，還是必須奠基在單字量的累積、英語的使用，才能記得長久。與孩子們聊天時知道，升上國中後，真的對英文課適應不良，突然有好多東西都要背起來。我問他們：「國中的第一課，都是基本內容的複習啊！哪來的適應不良？」孩子告訴我：「我們一個禮拜只有一節英文課，而且英文老師一直在換人。上課都不用背單字，課本第一單元出現的什麼主詞、Be動詞、所有格都有印象，但沒有真的學會。」「不是有英文段考嗎？」我再問，「考爛了好像也不會怎樣啊！反正英文課就是玩一玩，沒有要背什麼，現在課本的單字都背不起來！」學生回答。

我看著他們不會劃分音節，只背得起來單音節的單字如dog、school，背student就不行了。單字對他們而言，不是一個字，而是由兩個以上的字母串在一起的東西。當他們從第一個字母出發，唸到最後一個字母時，早就忘了前面的順序。所以光是數字十二twelve，就能夠寫出多種排列組合：tewlev, telve, tweve……，沒有音節觀念、沒有自然發音（phonics）觀念的他們，「土法煉鋼」註定會燒成灰燼，不知所措的學習英文。我能

夠想像，他們從無助到自我放棄的過程。這讓我不禁對近年來一直推廣的「快樂學習」，打了很大的問號。教育部於1997年在國小五、六年級試辦英語教學，為了提高動機的快樂學習，真的對提升基本學力有幫助嗎？

　　英文學習絕對不只是單字跟句型，了解英語系國家與台灣的文化差異，並且學會欣賞或批判思考，是這個世代重要的能力。於是在課堂中，我常融入美式生活有趣的地方，如流行音樂、電影、小說、卡通、影集等。我以為每個孩子都應該對迪士尼電影、卡通頻道（Cartoon Network）或小賈斯汀（Justin Bieber）有點認識，可是這邊的孩子並不盡然。他們在生活中遇到英文的機會，比都市孩子少得多。可是語言的學習，就是在情境中與他人互動而得到；光靠一個禮拜4節、一節45分鐘的英語課，相對吃力許多。

　　上述三個原因：家庭不夠重視教育、國中之前英語底子不扎實，以及文化刺激不利，不僅消磨孩子的機會，也消磨教師的熱情。還好總有很多教育先進不斷鼓勵及提醒我：「We are all they've got.我想，與每一屆的孩子也許就是3年的緣分，他們所需要的機會與環境就在學校，即便只有一點點，也想給孩子。」

　　我在孩子的眼神中，看到對英語課的無奈。所以，建立信心就是很重要的第一步。我把自己國中才開始學英文的故事，跟孩子們分享，我告訴他們：

　　　　老師那個年代，也是國中才開始學英文。國小就去補英文，在那時是一種炫富的表現。不過現在看來，我的英文卻沒有比國小就開始的同學差，甚至更好。你們看，我現在還當英文老師哩！所以國小英文沒有學好，不代表國中英文沒救。只要你跟著老師的腳步，我們重新學，過去就讓它過去，要對自己有信心。

　　對於新生的暑期補救教學，我也對他們做心理建設，引導他們忘記過去英文學習的陰影跟無助，還有重頭再來的機會。學生的心裡踏實之

後，我就開始「自然發音」教學，讓孩子們知道英文字母就像國小學過的注音，帶著他們不斷練習發音規則及拼音。讓他們試著拼幾個多音節的單字，當他們能夠靠自己的力量，唸出從來沒學過的單字時，得到的成就感會讓他們一直想挑戰拼音。整個暑期的補救教學，我們都在練習拼音、唸單字，學生對開口說英語的恐懼漸漸下降。唸字練習完畢後，就進入下一個挑戰——聽寫。我告訴學生拼寫出單字，就像唱卡拉OK一樣（結合他們的生活經驗）；唱歌時游標移動到歌詞上，你就跟著唱出來。寫英文單字也一樣，學到的單字一定要會唸，就好像唱歌，你唸到什麼音就把那個音所配合的英文字母寫出來。學生不斷的練習之後，聽寫的狀況進步非常多！

這裡的孩子還有家庭及文化不利的因素，學校只能積極與家長聯絡及溝通，家長怎麼做，實在無法干涉太多，這點著實令老師感到無力。不過，文化不利的弱勢，仍可透過學校教育來補救！平時我會蒐集有趣的英文短片、歌曲、漫畫，只要跟課本單字、句型有關，就會提供給學生，讓學生在生活化的情境下進行連結。我也利用課餘時間，幫學生補充英語書刊，幫助英語程度較好的孩子自我突破。回家後沒有讀書習慣的孩子，很容易在補救教學中挫敗。我體會到補救教學不外乎「陪伴」，陪著孩子面對困難、回歸根本、補救不足。

來池上國中已第4年了，但對「補救教學」真正有體會是這1、2年的事。就在去年暑假的新生補救教學課程，我的班上有個女生，第一節課就讓我印象深刻。她上課的狀況很好、反應踴躍，即便下課還拿筆記給我看，告訴我這是學校的替代役哥哥教的英文句型。她是一個英文學習動機很高的孩子，但怎麼會到補救教學班呢？

我不是那個女生班上的英文老師，開學後就不太有機會遇到她。有一天我巡視班級掃地工作時，那個女生叫我：「老師，謝謝你在暑假教我的自然發音，現在我考單字都能及格了，有時候還可以考到90幾喔！」我既驚訝又高興，問她：「你都有照老師教你的卡拉OK拼字法背單字嗎？」女生告訴我：「在國小，我怎樣都背不起單字，雖然很喜歡英文，也花很多時間學習，但仍然考得很爛。老師您在暑假上課時告訴我們，國小英文

爛沒有關係，還有機會可以重學。而且老師說自己的英文也是國中才開始學的，我才相信自己一定可以進步。用字母的聲音來唸單字，比用ㄅㄆㄇㄈ標註單字更簡單。」

她很愛唱歌，所以卡拉OK拼音法她很喜歡！看她講得眉飛色舞，我心中更踏實了一點。原來自己的一點堅持、教法上的一些調整，可以帶給孩子那麼大的成就感。

全世界都開始重視補救落後孩子的基本能力，教育部也從民國95年開始推動「補救教學」。我覺得不必過多探討複雜難解的外在因素：經費、人力、教師專業知能等，身為老師的我們，要擺脫很多自以為是的習慣，丟掉我們熟悉的框架。孩子們需要補救的能力，不見得在課本的教學單元裡，不要把課本當作診斷的標準。很可能孩子們的學習在更早就斷線了，必須透過與他們的相處、觀察，給予簡單的任務，來判斷他們對於字母的大小寫、單字拼音、單字拼寫是否學會，才能更進一步加深加廣國中課程的句型，或更高層的閱讀理解。要做到這些，教師的學歷、政府的經費補助，的確有加乘效果。不過最關鍵的還是老師那一顆「真心」，唯有真心，才能耗時耗力的從根本補救。如果現在我可以多做一些，補救他們的不足。即便進步只有一點點，都還是可能幫他們翻轉人生！讓我們捲起衣袖，真心地「擁抱」補救教學吧！

第三節　給予孩子高期待，陪伴他們一起達成目標——黃孟熙／TFT 第一屆教師

故事從這裡說起，黃孟熙老師說……

大學畢業前我一直夢想當一位老師，而且是一名到鄉下任教的老師。大學畢業後我報名甄選成為第一屆Teach For Taiwan的老師，分發到台東池上鄉服務，擔任補救教學及英語競賽的國小老師。

任教2年中，印象深刻的是我第2年帶的高年級英語補救教學班。班上共15位學生，程度參差不齊，高、中、低都有，讓我一開始就碰到相當大

● TFT黃孟熙老師的教學

的挑戰。班內3位高成就的孩子，常在課堂上回答我的問題，其他孩子相對就較少參與，成了「教室的客人」。我想，這不就失去補救教學的意義嗎？真正需要補救的，就是最容易變成「客人」的孩子啊！

於是，我重新設計課堂的提問，讓低成就的孩子也能參與。不料，高成就的3位孩子開始反應課程無趣，常在上課時與其他孩子聊天。一次又一次，這一班英語補救教學，進行得愈來愈不順利，甚至吵到處室辦公室，讓主任前來關心。

我偶爾將教學過程用臉書網誌記錄，分享我遇到的狀況，向夥伴及領域專長的老師求助。他們都很熱心的提供許多建議，我也嘗試了各種方法，除了期望自己能在教學上更流暢，也期待孩子們更投入。我將班上分成3組，每一組5人，3位高成就的孩子各安排在其中一組。至於如何判斷孩子們的學習程度呢？因為補救教學非常重視診斷，教學前必須確定每個孩子的程度及沒學會的觀念。除了透過教育部的補救教學測驗，教師在課堂的觀察更為重要。

我諮詢的一位老師向我分享，他每次都會在課堂中進行觀察，並在課

後撰寫觀察紀錄。我也參考這個方式，利用4週共8堂課時間，觀察孩子的
學習狀況。並配合每次的課堂小評量（如：拼字、遊戲），幫助我掌握孩
子的狀況，這也是我分組的最好依據。

　　班上分成3組後，我會給每組5張動物卡，分別是馬、兔子、狗、貓、
綿羊，代表學生的學習程度，也是我進行搶答活動時的計分工具。計分邏
輯如下：

> 馬：跑得最快，代表高成就孩子，答對可為小組加1分
> 狗：速度次於馬，代表中高成就孩子，答對可為小組加2分
> 貓：速度次於狗，代表程度普通，答對可為小組加3分
> 兔：速度次於貓，代表中低成就的孩子，答對可為小組加4
> 　　分
> 綿羊：最溫馴，代表程度最弱的孩子，答對可為小組加5分

　　拿到「馬卡」的孩子，同時也是該組的組長；除了在課堂學習之外，
也被我指定任務，擔任組內的小老師、課堂中的小助手。舉例來說，每次
開始上課，我會用各組搶答的方式，針對上週學習內容，進行簡單的複習
與評量。各組為了得到最多分數，拿到「馬卡」的孩子，會想辦法教會程
度較弱的孩子。有時候，我會故意指定拿到特定動物卡的孩子上台拼英文
單字，完全拼對才能得分。這個方式進行約2個月，班上的學習氛圍明顯
改變。高成就的孩子因為「有事做」，不會感到無趣；中低成就的孩子在
同儕協助之下提升自己的英語能力，比以往更有信心。

　　英語補救教學班的孩子，過往對學習英語都沒有信心，因為鮮少有
成功的經驗。但我更在乎的是孩子的學習態度，而不是高分。一整學期下
來，班上的孩子漸漸不排斥英語，期末我準備了小禮物送給得分得最高的
一組，也為每個孩子寫了一張卡片，內容是我對他們的觀察、鼓勵，以及
可以再加強的部分。我相信手寫的卡片，比一張期末考卷的分數，來得更
能使他們理解自己的學習成果。畢竟身為老師的我們曾經都當過學生，多
少會在意老師的評語。當孩子感受到老師的關心，會更願意多學習。

　　過了一個寒假，新學期開始，我為這群孩子設定新目標，全班一起唱一首經典的英語歌，以及完成一篇英語自我介紹。雖然很多孩子還是覺得非常困難，此起彼落的回應：「不要！」、「不想寫！」等。但在我第一次放音樂給他們聽的時候，卻都非常安靜。那天下課，還有幾位女孩來向我要那一首歌的歌名，對我說：「我覺得這首歌很好聽」。這首歌是Olivia翻唱木匠兄妹的〈Close to You〉，曲風抒情、節奏較慢，很適合讓孩子練習英語句子的「連音」。

　　經過兩週四堂課的練習，多數孩子都能朗朗上口，甚至下課時還會叫我去聽他們練唱，讓我很感動。沒想到他們喜歡這首經典的英文歌，甚至跟家長分享。我更希望他們知道，開口說英文其實不難。

　　有一天進辦公室，從教學組長那兒得知，這學期有英語說故事比賽。我向組長和校長提議，讓補救教學班的孩子參賽，獲得了校長和組長的同意。其實我非常猶豫，擔心這群補救的孩子不能做到，但也對他們有高期待，決定讓他們有機會挑戰。

　　某一次，我們練習英語字母發音，剛好配合英語歌曲的押韻。下課後，我將「阿翔」和「小威」找來，問他們願不願意參加比賽。他們當場皺眉：「蛤？我英文這麼差……為什麼找我？」我說：「因為你們非常活潑，很適合上台表現，要不要挑戰一下？老師會陪你們一起練習。」他們考慮了一陣子，終於被我說服，參加這學期的英語說故事比賽。

　　阿翔與小威準備比賽期間，補救教學班的孩子，也同時在撰寫英語自我介紹的稿子。每一週我只教他們一個句子，每一個句子都是為了完成自我介紹的內容。看似容易，但裡頭包含很多可以學習的內容，例如：星座、個性（形容詞）、嗜好（喜好）、生日（月份與日期）、夢想（未來式）等。每個孩子的英語自我介紹稿，靠著一週又一週的教學與練習，慢慢拼湊完成。以「進度」的角度來看，速度也許緩慢，但補救教學重視的就是孩子真正學會。「教會」比「教完」來得重要，這也是爽文國中王政忠老師，很常在大眾面前提到的教學信念。

　　阿翔和小威除了學習課堂上原本的進度，我還帶他們在下課、午休、放學時間，練習英語說故事。故事的內容是我在學校圖書館找到的一本繪

本，稍微改編後叫做〈The Best Donkey of All〉。由於故事中的角色與阿翔和小威的個性相似，他們看了之後都表示有趣，願意挑戰看看。練習初期，我請他們回家運用上課教過的字母拼讀法試著唸出來，隔天試讀給我。我發現他們沒有說任何一句：「很難！」、「不想唸！」之類的話，反而很用心的試著唸，即使唸錯，我也不指責，因為他們的學習態度已經不同。

我給予他們很多鼓勵，並自己錄製一份音檔，給他們回家邊聽邊練習。我在音檔裡加入很多故事的情緒，讓他們在練習時感受台詞的情緒。準備比賽的一個月內，每天下課、午休、放學，我們都在練習。有一次週末，台東市有一個英語話劇演出，我帶他們去欣賞，讓他們感受什麼叫做「上台」該有的樣子，也讓他們從其他人身上學習。放學回家，他們也會在社區公開練習，間接訓練在別人面前表演，社區家長們也很高興的為他們鼓掌。

英語說故事比賽分為區賽和縣賽，區賽當天，他們倆在台下看著其他學校的表演，一直跟我說：「他們的道具也太厲害了吧！」、「講英文講得好快！」之類的話，我依然笑笑的鼓勵他們別緊張，上台就儘量發揮！輪到他們上台表演時，他們的腳不斷的在抖（從台下看還滿有趣的），我身為指導教師也跟著緊張起來。但他們在表演過程中，英語的咬字很清楚、動作也活潑，沒有忘詞或慢拍，讓我感到好欣慰。下台後，我給他們很大的鼓勵，同時也想，他們這麼努力練習，若沒有得名會不會很沮喪？我可以說什麼話激勵他們？直到所有學生都講完了，我們在台下等著評審老師宣布成績，大家都非常緊張。

優等！○○國小－林小威和劉阿翔！

當評審宣布阿翔和小威得名時，他們高興又受寵若驚的上台領取獎狀，我在台下也替他們感到歡喜，一同觀賽的學校同事都很為他們高興。消息傳回學校，校長在升旗典禮上讚許他們，特別強調阿翔與小威第一次參加比賽就得獎，非常不簡單！那一週上英語補救教學課，班上孩子都為

他們慶祝，他們成為班上的學習模範。阿翔和小威當初不是拿「馬卡」的孩子，但他們一路認真努力的學習，到今天才有這樣的成果。身為老師，我感到非常驕傲。他們之後入選成為縣賽，也就是台東縣各區小學的決賽選手，也拿到了「甲等」的成績。我相信，這對他們是非常難得的學習經驗。

補救班的孩子，要在期末上台發表個人的英語自我介紹。3個原本拿「貓卡」和「羊卡」的孩子，發表前在教室後面互相練習，那個畫面至今讓人難忘。我將他們練習的模樣拍照，並傳給家長看。家長看到照片後，非常高興的告訴我：「我都不知道自己的小孩這麼認真！太好了！」其實多數低成就表現的孩子，對於學習沒有自信，家長們也都知道。身為教師可以做的，就是給予這些平常被貼上「落後」和「補救」標籤的孩子，為他們創造成功的經驗，讓家長們知道，自己的孩子也有優點與值得讚美的地方。

想想我們曾經是孩子時，會不會期待老師和家長的讚美及鼓勵呢？我相信答案非常清楚，每個人都需要成就感，不管是工作還是學習。

故事後的啟發……

這一班孩子畢業了，我也服務期滿離開學校。目前我回歸學生身分，在台北唸教育研究所，並修習國小教育學程，希望之後有機會繼續回到偏鄉任教。回想一開始這一群補救班的孩子，從「我不想做！」、「無聊！」的態度，一直到我離開學校前，那種充滿自信與願意接受挑戰的模樣，讓我覺得教育真是神奇！補救班的孩子最需要老師的等待與陪伴，要相信他們會進步。補救班的孩子不等於被放棄的孩子，給予他們高期待並陪他們一步一步達成目標，是身為教育工作者最重要的信念與行動。

另外，我們也應該了解，自己不是「100分老師」，面對孩子的失敗及負面行為，更應認知到自己的不完美，接受孩子的反應，重新調整自己的教學，引導孩子重燃對學習的興趣。當我們能夠放棄成為「100分」，而選擇持續、漸進、堅定地向前「加1分」，就能看見截然不同的教學風貌。期許在教育現場的我們，一起加油吧！

國小英語補救教學的種子教師葉怡美老師說：

　　其實教育部補救教學評量的檢測題目都相當簡單，不明白為何到了國小高年級，之前應具備的英語基礎都沒有？所以不僅是補救，還應思考之前的英語教學，有否在課堂上即時補救。有些「小校」的做法是，利用早自習與午休進行補充教學，結果該校學生在補救教學的檢測，全部都通過。

　　探討補救教學，重點應放在小學，這是最前端或源頭，這時一定要學生真正學會。有些參與補救教學的老師，觀念不太正確。一心想追上進度，把白天的課程再教一遍，教學方法沒有改變，未依照學生的個別狀況加強，尤其是未從源頭處開始教。因為老師仍有段考成績及教育部「後測」之壓力，所以無法耐心等待學生進步。

　　教育部平台提供的國小英語補救教材不足，尤其學習單的部分變化太少。但無法強求擔任補救教學的教師均自編教材，可行之道為縣市及教師之間的分享。不少網站有不錯的教材與評量，例如均一、Core English。但不是所有學校都有足夠的電腦或平板可供學生使用，學生回家後又不見得會自學，所以我都儘量讓學生在學校完成功課。

　　實施補救教學時，也需探討及加強小學英語教學的狀況，及早開始調整教學方式及進行補救，才是治本之道。

11 國文科補救教學的實務與心得

又有人捐書囉！大家挑一本自己有興趣的來閱讀，
讀完跟其他同學分享感想喔！

> 　　差異化教學中，老師的角色變成教練，是學生的引導者。學生在課堂中透過引導，不停的思考、釐清、精熟。
>
> 　　　　　　　　　　　　　　　　　～台東縣寶桑國中國文老師楊惠如

第一節　透過差異化教學，實踐即時補救 ——　楊惠如／台東縣寶桑國中國文老師

● 台東縣寶桑國中楊惠如老師的教學之一

　　楊惠如老師說，剛到台東時，「班級」就是偏鄉問題的縮影。大部分時間，我只能忙著處理孩子的行為問題，很難專注教學。單向的講述式灌輸，累壞了自己的喉嚨，孩子們也沒真正學會。幸好班級經營是我的強項，孩子們在我的陪伴與堅持下，漸漸願意寫功課，願意好好學習。

　　這些孩子的學習基礎十分薄弱，如果依照教育部「補救教學平台」的「前測」，絕不是一班的後三分之一「可能」需要補救，而是全班都需要

補救。正因為如此，所以無需抽離，可於一般教學直接進行「分組合作學習」及「差異化教學」。這更符合補救教學「大量、密集」的原則，比抽離式一週1-2小時，更有效率及效果。

與他們的磨合過程中，學習又落掉許多；即便孩子願意學，成效依然有限。96年的國中基測，國文滿分為60分，我們班平均僅18分。我永遠記得一個孩子蹲在我的辦公桌旁問：「老師，我這麼用功，怎麼考得這麼差？」我無法回應，只知道自己的教學真的有問題。偏鄉老師的教學成效，即是學生的學習成效。我能做的就是，投入更多時間在下一屆孩子身上。偏鄉學生要加強課業，不能依靠家長或補習班，只能完全靠學校。勤讀苦練還是有效果的，孩子們終於考出難得的好成績。但那種沒日沒夜的加班生活，讓我知道自己沒有辦法一輩子當「阿信老師」（日本電視劇《阿信》）。

我熱切渴望幫助孩子們學得更好，所以參加各式的教學研習。研習中我遇到了貴人，使我的教學從章句訓詁走向微言大義，擺脫過去重視課文理解的抄寫、解釋、國字注音的練習，改從文本的核心內容著手。我開始重視「閱讀理解」的歷程，透過脈絡式的提問、學生的自我思考、小組共學分享，有疑問時師生共同討論以釐清困惑等教學方式，使教室開始有了不一樣的風景。學習被活化了，不再只是「老師講，學生聽」。老師的角色變成教練，是學生的引導者。學生在課堂中透過引導不停的思考、釐清、精熟，學習就在教室裡完成，課後是延伸學習。

一堂激發思考的國文課，能讓學生化被動為主動。以下提供我們團隊的做法作為參考（詳參「十二年國民基本教育：國中活化教學列車」之

● 台東縣寶桑國中楊惠如老師的教學之二

網路影片）：

一、核心理念

　　教材解構後，找出核心內容發展成問題；透過提問引導學生討論，進而真正讀懂文本。活動課程是協助學生思考、精熟文本內容，透過小組合作學習，讓教室裡沒有局外的「客人」。

二、課前備課

　　備課時不再只鑽研字詞的解釋、修辭、文法，而是找出文章的核心概念，發展成精簡、可供討論的問題。將問題用於課堂中，引導學生思考文本意涵與核心價值。教師須先行針對學習內容、學習過程，設想各種可能；進到教室才能因應學生的不同狀況，適時介入引導。

三、教學過程

　　1. 讓學生針對文本文義重新分段：小組進行討論，有時會沒有共識，老師可提醒學生任何意見都可以提出，並讓不同的小組進行對話。有時小組會被說服，因為想法沒有對錯，只有合理不合理；不合理之處，孩子們自然會修正。老師的工作，只是讓討論不要偏離文本核心太遠。

　　2. 找關鍵字、詞、句：因為有前面分段的討論，對於難度不高的文本，孩子們通常很快就有共識，關鍵點通常還是文本的核心處！

　　3. 從學生的有疑處討論起：教學不一定要死板板的從第一段開始，按照80/20法則，通常有用的訊息只有20%。讓孩子先掌握文本核心，再重新順過一次，孩子們就能掌握文本的結構了。

　　4. 修辭與生難字詞是孩子們的加分題：他們可以事先準備，印象會更加深刻。

　　5. 問題的設計必須照顧到不同程度的學生：實際操作時，不需刻意設定由某些學生來回答，問題設計的範圍包括：課本中可以找到答案、須統整資料、須思考、生活經驗、須事前蒐集資料（加分題）。

四、精熟度評量

1. 以結構式提問，讓學生可以輕易掌握文本核心主軸。

2. 以脈絡式引導，幫助學生連結文本概念；學生有困惑的地方，就是課堂要處理的關鍵。

3. 小組共學時，學生可以互相搭階梯，幫助組員釐清文本內容。

4. 小組發表與對話時，學生可針對其他小組的發表提出問題、進行辯論，再次思考、釐清文本內涵。

5. 學生可以說出作者的寫作手法，與作品所欲表達的情感。

6. 學生可以透過寫作，仿寫成一篇散文。

五、以〈天淨沙〉為例

課文短短的28字，過去教4節課，現在則讓孩子們討論4節課。孩子們對11個景都有自己的想法，「枯藤、老樹」搭作者的蒼涼，「昏鴉」是作者嘆無法回家，「小橋、流水、人家」是在他鄉或造景，「古道」為蒼涼，「西風」是未冬先冷，「瘦馬」暗指自己的蒼老無力……。孩子們想像豐富，認為「斷腸人」可能是作者、路人、遠地朋友……，每種可能孩子都可說出一番道理，課文想不深究或不默記下來都難！

六、操作技巧

1. **差異化思考的備課**：備課時需為不同程度的孩子著想，何時必須介入引導，何時必須給予學生自學思考，何時必須進行小組討論，都須預作安排。這需要教師的經驗，在課堂上操作得愈精熟，學生的學習也愈有效。

2. **差異化教學思考**：為了成就每一個孩子，必須採取差異化教學。「以老師為主」的教學只能顧及某部分的孩子。學習成就高的孩子因缺乏挑戰而覺得無趣，學習成就低的孩子因無法及時解決學習困難而容易退縮。差異化教學能幫助學生在現在的位置上得到最大發展，以不同的學習任務，讓學生在一堂課中獲得應有的提升。當孩子們在課堂上能持續有效

的學習，學習落差自然縮小，需要補救的人數也會跟著減少。

3. 大量、密集原則：補救教學成功與否，「大量」、「密集」是關鍵。在每一堂課中，讓學生的學習最大化，才能真正幫助學習弱勢的孩子打好基礎，逐步向上提升。

4. 精熟原則：在教學設計上，應提供不同的學習活動或不同層次的提問，幫助學生精熟學習內容。避免過於反覆，降低學生的學習興趣。

擺脫過去「老師講、學生抄」的模式，其實很難。因為老師怕學生學得少，擔心進度趕不上。但改變心態與教學方式的效益很大，一節課的節奏，從老師拋問題、學生自主討論開始，小組討論的共識幾乎就是文本的核心。反覆討論教材，使學生更容易精熟，連課文都默記下來，進度總是超前不少。要簡潔地設計問題卻不容易，但只要能引發學生思考，孩子們真的比我們想像得更厲害！

這樣的教學模式，不是靠老師單槍匹馬可以完成；需要夥伴們每年寒暑假，在國家教育研究院的課程共備。團隊成員來自各縣市及各校，大家參與教育部102年度起推動《有效教學基地學校建置與發展計畫》而結緣。成員並不多，102年度有6所國中參與活化教學、有效教學，104年度增加20所，105年度共33所國中小投入。教育部希望透過現場優秀教師及各校自動發起的有效教學、活化教學策略與行動，帶動整體教學改變。

「教學基地」是「師資培力交流據點」的重要成員與實踐方式，是教師專業社群中充滿魅力的領導者，引領一群認真且負責的教師，一同為成為「更好的老師」而努力。教育部希望藉由教學基地的運作，引領一種教師專業自主、由下而上的教育提升力量。

《教學基地學校建置與發展計畫～有效教學的現場落實方案》的緣起，是因為台灣地域、社區的差別不小，常態編班的架構下，學生的個別差異與學習能力落差頗大，很難建立一個全面通用的教學模式或策略。因地制宜發展多樣的有效教學方法，才是務實之道。所以，要集結各區域的老師，一起發展能切合不同需求且「即學即用」的有效教學策略。透過「回歸課堂」的教學改變，逐步建立各地區務實致用的「有效教學基地學校」。不只成為師資培育單位教學法與教學實習的高效能輔助基地，也提

供教師在職進修省力又實用的選擇。這群教學夥伴共同開發、設計、執行能活化教學、全面發展學生學習力的教材、班級經營策略，統整不同領域學習的「課室外」或多元型態的統整課程，以及找到有效補救學生學習困境的教學與輔導方法。教育部給予參與學校若干經費補助，每學年至少辦理一次校內、校外活化教學之教師觀課、家長觀課或跨校觀課，也邀請其他教師、家長參加。

一個班級只靠一個科目的專注學習，無法真正改變孩子的未來。必須廣邀各科任課老師配合，多與其他科目老師對話，以凝聚共同理念。讓孩子們不論在哪個科目，都有機會認真投入。老師有系統的引導，孩子們自然能專注上課。

教學活化能引出學習興趣，加上學生已培養出自學能力，同儕間也能彼此互教。我的班級學生每天都自動多加兩節課自我加強（早自習與放學後），不僅是國文科，其他各科的成績也都跟著進步。國文科活化教學強調「閱讀理解」（永齡基金會的閱讀補救教材即非常適用），使得國中基測的國文成績大幅提升。我的班上後來讀大學的比率，更高達八成。

第二節 國中階段的閱讀推廣與補救教學

國文科需要補救教學的狀況，與英語或數學不同。英、數有程度之分及連貫性，國文則是多種學習項目的組合，如：成語、國字注音、長篇閱讀、斷句、作文、標點符號等。每個學生的強弱項不同，需要補救的地方也不一致。而今國文補救教學的標準不得不降低些，例如作文，不要求一次寫完一篇，可以一段一段的完成。

閱讀能力不足會影響其他科目的學習，因為無法理解文本的重點，例如數學的應用題，看不懂題意就無法正確解題。提振國語文程度後，其他科目的成績也會跟著提升。國語文的補強，多從培養閱讀能力著手，舉例來說，2017年台北市蘭州國中通過台北市以「學生學習為中心」的亮點計畫，獲得最高額度3年1,000萬元的補助。其中「子計畫二：精綻蘭州星光－悅讀・躍讀」，106年度的成果報告如下：

1. 本年度計畫目標

(1)扎根閱讀，培養學生基礎閱讀能力。

(2)行動載具融入課程，提供學生多元的學習及評量方式。

(3)家長入班導讀，親子共讀美好時光。

(4)進行社區走讀課程，以深入了解在地文化。

2. 實際執行情形及效益

(1)深耕閱讀—親師閱讀工作坊：由讀寫協會理事長分享晨讀推動策略，各班導師在班上執行晨讀策略，並在工作坊上分享成果。參與人員包括國文領域教師及學生家長。

(2)深耕閱讀—晨讀時光：導師先藉由《如何閱讀一本書》的小短片，引導學生閱讀。每週一由學生自主閱讀，學生可自選一本喜歡的書，利用晨間閱讀。每週三則是《大智慧過生活》的共同閱讀，從「小故事」理解「大道理」。校長也會輪流入班，陪學生一起晨讀。

(3)家長晨間導讀：每週四早自習時間，家長配合每月一書入班進行導讀。

(4)小小說書人—學生蘭州TED口說心得發表：為了培養學生閱讀理解及口語表達能力，每學年舉行一次口說心得發表，這也是國文領域的校本特色課程。

● 台北市蘭州國中的閱讀結合口語表達

● 台北市蘭州國中的閱讀教學

　　(5)悠遊北大同：由綜合領域教師指導學生進行社區拼圖課程，請里長為同學介紹在地米食文化。

　　蘭州國中的國文教學運用亮點計畫經費，添購一個班級數量的平板。老師們則共備課程，例如：國中經典課程〈張釋之執法〉，先從文本找出需要學生理解的部分，利用教學APP-Nearpod或Kahoot等，進行課文提問設計。Kahoot系統本身有配樂，讓學生有玩手遊闖關的感覺。且題型為選擇題，適用於課前預習及複習。近年來推動「閱讀理解」，重視文本內容的比較及說明文的解讀，教師利用Nearpod出題，設計表格比較、簡答、詳答或拍照，讓評量不再只有紙筆方式。也可透過APP

● 台北市蘭州國中的學生認真學習

將學生的答案share在班上，給予同學及時回饋與相互觀摩。因為學生作答歷程可以留在系統內，教師可據此進行教學修正。使用平板的即時性及資料統整功能，大大優於傳統教學；學生也因為更多作答模式，搭配「分組教學」或「學思達」（Sharestart），讓學習動機大幅提升。「學思達」教學法是台北市中山女中張輝誠老師，以十多年的時間自創，自編講義、提問設計、分組討論、薩提爾應對姿態等，讓課堂成為有效教學的場域，真正訓練學生自「學」、閱讀、「思」考、討論、分析、歸納、表「達」、寫作等一生受用的能力。誠致教育基金會協助建立「學思達教學法分享平台」，學思達教師可共享教學講義。

一、晨讀結合品格教育

屏東縣崁頂鄉南榮國中推動的晨讀，不僅是閱讀文章或書籍，同時也提升品格素養及自省能力。實施對象為全體師生，晨讀教材為培基文教基金會的《品格簡報》22項，如：專注、公正、井然有序、主動、盡責、知足、慎重、感恩、誠實、順服、誠懇、饒恕、真愛、創意、機警、慷慨、喜樂、捨己、耐性、敬重、可靠、安穩。

每日利用早自修時間，進行「10分鐘晨讀」（7:25～7:35）。每月閱讀一項《品格簡報》，每項共計12頁。導師帶領全班一起閱讀，鼓勵學生於該月份將該品格具體實踐於日常生活，並將實踐體驗記錄在聯絡簿。

南榮國中的《班級晨讀10分鐘方案》，重點如下：

1. **目標**：培養學生閱讀習慣，每天不貪多，貴在持續、有感受！

2. **閱讀時間**：每日早晨7:20～7:30（一週至少4次；如有耽誤則須擇當日第二個10分鐘進行。一定要有導師在場，全體學生在安靜中進行才妥當，不要只是敷衍唸過）。

3. **閱讀方式**

(1)養成時期：全班一起朗讀8-10分鐘左右（以該文章段落為主），以協助閱讀力較弱的同學，讓他們有機會被帶上來。接著2-3分鐘學生默想：①我讀到些什麼？②作者想表達什麼概念？③我自己又有什麼想法？④遇到好句子時，不妨立即背下來。老師要同步閱讀，和同學一起欣賞文

章，適時提問、偶爾也分享感受。避免說教，以協助學生掌握重點、提升閱讀興致為要。

(2)成熟時期：學生閱讀習慣成熟後，才擬開放時段採分組選書閱讀，老師須參加書籍評選。

4.朗讀材料：包括好書及時事篇章，如：古又文的學習、林義傑的挑戰、吳季剛的成長、洗廁所的故事、台北國際花博展、智利礦工總工頭的策略，以及聯絡簿的小品文等。

閱讀後，由學生書寫「你是否有什麼發現或趣事可以分享？」舉例如下：

> 提醒了我很多忽略的事，也教會了我很多關於人生的意義。例如：如何與人相處、如何心平氣和與他人溝通、培養個人的良好品格。透過動物的故事，讓我了解到人與人相處的大道理。每天閱讀，吸收不同的價值觀、不同的新鮮知識，使人際互動更加順暢。

> 偉人的背後，都有辛苦的練習和艱難的挑戰。每看到此事，我就會不斷地告訴自己，只要我肯做，沒有辦不到的事情。閱讀簡報這項活動，讓我獲益良多。因為人有無限可能，要試著發掘自己的才能，找到適合自己的道路。了解怎麼做人，怎麼從人生最困難的地方爬起來。

> 體會到：遇到難處時，不僅要喜樂的接受「那是擴大視野」的機會，也要運用「明辨」認出事情發生的緣由，找出解決之道，預防不幸繼續發生。開始晨讀後讓我知道一些關於品格和自然動物、偉人的故事，讓我了解到人文趣事，對我的作文也有幫助。看完這些故事後，發現許多一生都能受用的道理，例如：慷慨、機智，這些都可以增進品德和修養，也能把自己錯誤的心態改正過來。

　　每日一次的文章閱讀，是國三特別的記憶。每天一則小
文章或某本書的一章節，閱讀可擴展自己的視野，進而培養多
角度地看待、思考一件事。閱讀時，文章中常有許多值得仿效
的人物和精神，他們總是激勵我向上。雖然有時對於向賢人看
齊，實在有如登上峻嶺般令人卻步，但每天閱讀，彷彿看見他
們一次又一次的出現在面前。在這樣激勵下，天天督促自己
「登山」，終有一天能成功攻頂。

　　南榮國中帶領學生每天10分鐘的閱讀，久而久之，不僅累積相當可觀
的「閱讀量」，更讓學生慢慢「習慣」閱讀，也從閱讀的養分中陶冶個人
的「品格」。

◉ 南榮國中舉辦的「龍應台作文班」

◉ 南榮國中的閱讀教學

第三節 國語科注音符號補救教學現況 —— 高明瑜／台北市木柵國小補救教學教師

　　高明瑜老師說，注音符號的正確認讀，對於低年級的孩子相當重要；熟練後可以獨立看繪本故事書，增進閱讀理解能力，影響之後的造句、作文或其他學科的學習。有的孩子數學不好，並非不會寫算式或計算，而是看不懂題目。有鑑於此，期待每個孩子都能被帶起來的台北市木柵國小，於寒假兩週（共計10天）免費舉辦一年級注音符號的補救教學。我有幸擔任師資，一面高興孩子們的努力與進步，同時覺得自己的教學能力也跟著提升。

　　利用寒假來上注音符號補救教學的孩子，在一年級上學期，已經學過37個注音符號，卻因為字形、字音相似容易混淆，或聲調、拼音尚不熟悉，無法正確認讀與書寫。要對症下藥，應先從易混淆的字形與字音部分加強，字形ㄅㄉㄌ、ㄇㄈㄩ、ㄍㄑ、ㄛㄜ、ㄅㄟ、ㄏㄟ與字音ㄥㄣ、ㄢㄤ、ㄓㄗ、ㄗㄙ、ㄜㄦ較易混淆。

　　實例(1)：王仁強（化名）是個注意力不足的過動症孩子，來上注音符號補救教學，剛好是寒流來襲、又濕又冷的天氣，其他孩子可以安靜的坐在位子上，他則動個不停，穿脫雨鞋或玩手邊的文具，沉浸在自己的想像世界中，還不時發出聲音。他對於字音（ㄢ、ㄤ）易混淆，（一ㄢ、一ㄤ）、（ㄨㄢ、ㄨㄤ）始終無法辨識。

　　教學活動的設計採動態、靜態交互穿插，當他坐不住的時候，讓他來黑板前，面對老師與黑板的字卡，請他先想出生活上實際經驗的語詞，再轉化成唸謠：

　　　　ㄨㄢ腰ㄨㄢ腰ㄨㄢㄨㄢㄨㄢ
　　　　小狗小狗ㄨㄤㄨㄤㄨㄤ
　　　　一ㄢ水一ㄢ水一ㄢ一ㄢ一ㄢ
　　　　一ㄢ囪一ㄢ囪一ㄢ一ㄢ一ㄢ

抽一ㄢ抽一ㄢ一ㄢ一ㄢ一ㄢ
中一ㄤ中一ㄤ一ㄤ一ㄤ一ㄤ
駕一ㄤ駕一ㄤ一ㄤ一ㄤ一ㄤ

　　其他如：「玩具玩具，玩玩玩」、「丸子丸子，丸丸丸」、「國王國王，王王王」等。仁強還是有些模糊，當他突然想到：「ㄨㄤˊ就是王仁強的王」，老師立即說：「對！就是你的ㄨㄤˊ，仁強的ㄨㄤˊ，ㄨㄢˊ和ㄨㄤˊ不一樣喔！要分清楚，否則別人把你的名字叫成ㄨㄢˊ仁強（丸子的丸仁強）。」他則哈哈的笑了起來，對於ㄨㄢˊ和ㄨㄤˊ的區別，印象深刻了。每次上課碰面，就要他回答「你是ㄨㄢˊ仁強還是ㄨㄤˊ仁強？」將注音符號與生活連結。

　　實例(2)：宋文俊（化名）是個很乖又安靜的孩子，他的構音有狀況，講話很不清楚，一直無法分辨翹舌音、平舌音的ㄓㄗ、ㄕㄙ、ㄔㄘ。老師要用強烈誇張的嘴型，讓文俊看老師翹舌音、平舌音時嘴型的不同，並拿鏡子給他看自己的嘴型。當老師發出明顯不同的翹舌音、平舌音時，讓他說出有什麼不同？因為文俊的反應不是很快，老師要花很多時間單獨指導，但文俊還是無法分辨翹舌音、平舌音，此時老師就會感到挫折。

　　然而，老師的使命不就是對每個孩子抱持「永不放棄」的精神嗎？所以必須絞盡腦汁，再想其他適合的教學方式。所謂熟能生巧，雖然花了加倍的時間幫他複習，文俊終於能辨識翹舌音、平舌音的ㄓㄗ、ㄕㄙ、ㄔㄘ，老師的喜悅與成就感真是無法言喻！

　　四個「聲調」的辨識方法為運用身體姿勢，第一聲沒有聲調符號，採立正姿勢。唸第二聲時，手臂向右上舉起。唸第三聲時，手臂舉出大力水手的的「V」。唸第四聲時，手臂向右下方。慣用左手的孩子，第二聲與第四聲，手臂分別朝左上方、左下方。

　　實例(3)：高美鷹（化名）是個甜美又乖巧的女生，發音尚正確，口語表達流暢，喜歡跟老師分享家裡發生的事。剛開始上注音符號補救教學時，聲符、韻符、結合韻都還蠻熟悉的，而且可以很快反應出來，老師納悶她為何來上補救教學？當測驗單音的四個聲調聽寫時，旋即發現她無法

區別二聲與三聲，接下來的二拼音（聲符與韻符的拼音）二聲與三聲，與三拼音（聲符與結合韻的拼音）的二聲與三聲，也無法分辨。老師強調配合手勢唸出聲音，第二聲是上揚、第三聲有兩個聲音，並且從單音的四個聲調加強起。

單音包括ㄓ、ㄔ、ㄕ、ㄖ、ㄗ、ㄘ、ㄙ、一、ㄨ、ㄩ、ㄚ、ㄛ、ㄜ、ㄝ、ㄞ、ㄠ、ㄡ、ㄢ、ㄣ、ㄤ、ㄦ等，單音的四個聲調練習最好依照難易度循序漸進：第一聲→第四聲→第二聲→第三聲。

當學生練習了兩種聲調，教師最好隨機進行聲調比對，一發現學生有混淆情況，立即回到單一聲調的加強認讀、練習。聲調的比對辨識，建議依以下序列循序漸進：一、四聲比對→一、二聲比對→一、三聲比對→二、四聲比對→三、四聲比對→二、三聲比對→四種聲調混合練習。二聲、三聲、四聲的聲調，應寫在最下面那個符號的右上方。

老師不斷提醒美鷹唸四個聲調時要配合手勢，孩子相當聽話。反覆練習中，每當孩子清楚唸出二聲與三聲，老師立即舉起雙手大拇指比「讚」，而且露出非常稱許的神情。因為老師明顯正增強的動作與表情，增進孩子的學習動機與意願。當孩子學會了、增加自信心，老師更有成就感！反覆練習時，隨時給予肯定或穿插活動式教學，像是小組競賽方式等，維持孩子的學習興趣。

要學會二拼音（聲符與韻符的拼音），聲符、韻符必須先熟練。先採「換聲符拼讀」，再採「換韻符拼讀」的教學方法。為了確切掌握學生是否學會拼音，在聲符、韻符組合過程中，老師須要求學生「出聲」，大聲拼讀。學生練習拼音時，如果一直跟著教師唸，容易覺得無趣，可利用拼音卡，一邊操作一邊拼讀。要學會三拼音（聲符與結合韻的拼音），一定得先熟練結合韻。

低年級孩子的專注力無法持續很久，老師準備教案與授課時，以活潑趣味化為前提，期間穿插活動，像是兩人一組，程度較好的當小老師，拿著注音符號字卡，幫程度弱的小朋友複習。玩搶拍遊戲，老師在黑板出題，先拍對答案者為優勝。小朋友分組競賽，用小白板答題，再同時出示答案，答對分數累積較多者為優勝。學生書寫「拼音」學習單，老師行間

巡視時，指導坐姿與執筆姿勢，對於字跡工整、能邊寫邊拼的學生，立即
予以鼓勵增強。所謂「因材施教」，補救教學必須因應不同孩子的狀況，
做出調整與修正。

◉ 高明瑜老師的注音符號補救教學

◉ 補救教學班上，學生以
　小白板答題

12 家長「陪伴」對補救教學的功效

就算妳的身體跟其他孩子比起來較不方便，
媽媽也會陪伴妳找到自己最好的舞台！

> 　　我會給家長10頁的模擬試題解答（包含答題步驟），讓家長
> 有能力也有知識擔任孩子的家教。
> 　　　　　　～《優秀是教出來的》一書作者隆‧克拉克（Ron Clark）

第一節　學習低落的家庭因素

　　家庭低收入或文化不利所造成的弱勢學生，不只存在於原鄉或偏鄉，只是那兒的弱勢生數量更大，無法「視而不見」。都會區一樣有家庭功能不足及教育資源缺乏的家庭，如家長社經背景較低、單親家庭、隔代教養、新移民等。這類學生數量較多的學校發現，各班需要補教教學的對象，不只是「後三分之一」，幾乎是全班學生。例如位於台北市大同區的蘭州國中，即屬此類型學校。校長鼓勵導師每學年家訪一次，才更清楚學生學習低落的原因。

一、學習弱勢與家庭弱勢

　　弱勢家庭的環境不利於讀書，如沒有書桌、過於擁擠或吵雜，父母沒有能力指導課業或對子女期望不高。所以補救教學的功能，不僅是提升學業成績，也包含成為「替代父母」，承擔陪伴與教養的功能。有時學校還要募款，籌措學生參加課後或晚間補救教學的晚餐費用。學校關注的也不只是學業，包括如何幫學生建立自信。所以蘭州國中成立了管樂隊及拳擊隊，學費全免之外，還由學校提供練習的樂器與裝備。全校不到2百名學生，就有一半參加了管樂隊或拳擊隊。

　　某些偏鄉或原鄉學生，因道路交通不便而需住宿，另一種住宿學校如新北市平溪鄉的平溪國中，全部120多名學生，就有三分之二是「住宿慈輝生」（民國85年起設置）。這是指家庭遭遇不幸、雙親身亡、家庭經濟困難、單親家庭等，因為家庭教育功能無法發揮，所以需由學校集中照顧

的學生。平溪國中採「融入式」教學，全校師生一起吃飯、用餐；不僅像一個「家」，其實就是慈輝生所需要的家。老師提供暫代性親情，穩定學生的心情與狀況。照顧的範圍包括：住宿及生活照顧、生活輔導、學習輔導、生涯輔導、適性教育課程。慈輝生的學籍仍在原國中，週休二日時回原來的家，以維繫及增強原生家庭的功能。

不少原住民父母把孩子留在部落，下山去打工，希望給孩子一個比較好的未來。不料卻可能遭遇不幸（車禍或工傷），反而使孩子沒有未來。偏鄉地區的家庭多半缺乏良好的經濟與親職教育基礎，隔代教養及單親教養的比率高，對孩子在學習的支持和參與度均較低。

學習低落與家庭狀況的關聯，真有那麼強嗎？周德銘曾任新北市偏鄉的保長國小校長6年（兩任），現任新北市都會型的復興國小校長。他發現，兩類型學校的學習狀況及補救教學樣貌均不同，的確與家庭狀況最有關聯。保長國小位於汐止區，新住民比率高又鄰近工業區，屬於需要扶助的學校。因為家長的學歷及收入均低，大多數家長沒有能力與時間指導孩子，只能完全依賴學校。家長把所有期待都放在學校，甚至可以說，學校教育就是孩子教育的一切。

因此，保長國小的補救教學，並非依教育部的規範，只檢測後35%，而是全校140位學生的「普測」，這樣才可以幫助到更多孩子。家長全都同意子女參加課後補救教學，因為老師可以協助孩子完成學校的功課，還能吃點心或晚餐（校長找到的社會資源）。但這也是補救教學實施上的困惑，本應補救前幾學年未學好的部分，怎麼變成目前進度的作業指導？而且家長希望孩子在學校把功課寫完，孩子又不喜歡補救教學重新再學之前的進度，增加課業的負擔。最後的折衷方式是，放學後補救教學的兩節課，一節上從前的進度，一節則是今天的作業指導。

到都會型學校任職後，周校長發現，因為家庭結構完全不同，家長擔心孩子被「貼標籤」，寧願送去安親班、補習班，或頂多上學校的課後班，也不願意孩子上補救教學班，所以開班很少。在小校對學生的掌握很清楚，大校則無法做到。都會區成績落後的孩子，一直是教室裡的客人，沒有表現的舞台，所以愈來愈缺乏學習動機及成就感。大校的補救教學應

著重在學習動機，以及找尋其他管道，讓學生展能及學習遷移。否則以目前小學畢業未設畢業門檻的狀況，補救教學只是浪費時間與金錢。

二、從社工角度看補救教學

這些家庭不利因素，由社工師的角度來看，阿牧認為：

〈社會工作與學校的合作——學校社工師阿牧〉

學校社工師，顧名思義便是在校園裡服務的社會工作師。與專任輔導教師、學校心理師，同樣被定位為校園裡的專業輔導人員。以工作面向來說，專輔教師與心理師較著重與學生的晤談諮商，協助學生處理個別的心理議題。學校社工師則是以生態系統觀點，從家庭、學校、社區乃至於整個社會文化，與學生的生活密切相關、由小至大的生態系統圈，了解其對學生個人生理與心理發展的影響。

1997年起，學校社工師開始進入校園服務。隨著社會議題及家庭結構的變遷與複雜化，校園的社會工作逐漸受到教育界的重視。現在各縣市均設有學生輔導諮商中心，依照每個縣市的資源與人力編制。有些學校社工師駐站在輔諮中心再個別派案，有些學校社工師則直接駐校服務。

我屬於駐校服務，不只是所駐學校，也包括周邊的學校。在我個人服務的偏鄉小校，大部分學生的原生家庭都是經濟弱勢、隔代教養、單親、新住民等背景。因地處偏鄉而工作機會少，所以青壯人口大都到外地工作，讓偏鄉的孩子在學習上少了家庭教育這一環。因為隔代教養、新住民等結構性的影響，原生家庭的文化刺激普遍不足；使偏鄉小校的學生在學習表現上，略遜於市區學校的學生。

在校園工作數年後我發現，這些學業成績差的孩子，他們的學習能力未必較弱，大部分孩子真正缺乏的，其實是對學習的「興趣」和「樂趣」。

過去，校園的教育系統，通常都期待家庭能負起協助學生課後複習的責任。隨著社會結構的變遷，雙薪、隔代教養的家庭占了大多數。

有的家庭還能讓學生到安親班或補習班繼續課後學習，但經濟弱勢的家庭，就只能「放生」了。

這些孩子面臨先天上家庭文化刺激不足，後天的資源又不如人，學力的落差讓他們對學習和學校失去了興趣，隨之而來便是逃學、中輟，衍生出更多社會議題。因此就我的觀察，補救教學不應只是透過「再教一次」的方式提升學生的學力，而是以增進學習意願為目標，重新設計教材與教學內容。

還記得自己的求學階段，所有學習幾乎都以背誦為主，甚至連數理科目都可以把公式編成一套口訣來記憶。這樣「背多分」的教育，完全為了應付考試。而現在偏鄉小校裡，我遇到許多充滿教育熱忱與理想的年輕老師，他們讓教學內容變得活潑、多元化，努力提升學生的學習興趣。有幾次我在課堂上旁聽，都忍不住想「如果我以前可以遇到這樣的老師，該有多好」。我相信提升孩子們的學習動機之後，不論未來是繼續升學或往技職教育發展，培養「樂於學習」的態度，一定能讓學生在不同的領域都有一定的表現水準。

偏鄉小校面臨的另外一個議題是，教育人力的流動頻繁。這個議題的討論面向其實很廣，最大的原因不外乎是少子化的影響，令教師員額有限。為了能順利取得正式教師的資格，將偏鄉學校當成跳板的老師大有人在。但也不能說這些老師缺乏熱情，終究是整體社會結構所造成的問題。因此，如何留住教師？如何提升偏鄉學生的學習動機？是值得當局者思考的議題。

身為一個在學校服務的社會工作者，我衷心期盼能與教育工作者分工合作、一起努力，讓整個教育系統帶給孩子更友善、更有趣的教育環境，以及穩定的教學資源。讓學生喜歡上課、樂於學習，更有意願留在學校。相信在這樣的努力下，許多的校安問題與衍生而出的社會議題，將不再令人苦惱與無奈。

所以，「補救教學」不能單獨運作，需社會工作人員的協助，才能健全孩子的生存環境（包含家庭與社區）。

第二節　值得尊敬與學習的特殊父母

只是學業成績較低，父母就已經感到無助；若孩子先天或後天發生身心障礙，又該怎麼辦？如果這樣的父母都不肯放棄，堅持找出適合孩子的教育方式，那麼其他父母應該沒有悲觀的理由！

一、紅面棋王周俊勳

周俊勳出生時，右半邊臉從鼻樑到後頸，布滿醒目的猩紅胎記。5歲時，俊勳第一天上幼兒園，小朋友看到他，就一陣鼓譟：「鬼來了、鬼來了！」他傷心地哭著回家。7歲時，下棋成癮的周爸，因為輸給7歲的小棋士張栩，於是決定讓俊勳學棋為自己復仇（馬西屏，2010：69）。28歲時，俊勳獲得首座世界冠軍，是台灣唯一的圍棋九段。

俊勳在小學三年級第一次獲得冠軍時（1989年，亞細亞航空杯級位乙組），媽媽拿著冠軍獎杯跟校長說：「我們要下棋，不唸書了。」周媽媽要求只來學校考試、其他時間在家自學，但學校怕孩子跟不上而拒絕。於是，周媽媽決定自己在家教俊勳。周媽媽原是小學老師，俊勳2歲時辭去教職，回家照顧包含俊勳在內的5個小孩。媽媽常用戈巴契夫的例子鼓勵俊勳，希望他擺脫自卑、激發內在動力。她說：「戈巴契夫額上一小塊胎記就當總理，你的那麼大塊，一定會當世界棋王。」

中學階段，周俊勳就讀海山國中體育班及光華高職，但因請假太多，差點拿不到畢業文憑。俊勳的三個姐姐及弟弟都很會讀書，分別考上台大、成大、清大、政大。周媽媽說，會讀書的去讀書，會下棋的去下棋。

周爸爸嚴格要求俊勳在時限內背譜，「一開始是背一套12本的日本棋士坂田榮男的棋譜，共2千多個，要打過三遍，全部背熟。背譜中間稍有差錯，周爸一個巴掌便甩過來。周媽則以零食『乖乖』來誘導他。背對了，就獎勵一包乖乖（馬西屏，2010：70-71）。」

下棋一有失誤，周爸爸馬上開罵，還要罰寫「一百個輸棋的理由」或罰跑操場幾十圈（或跑天橋，一直繞圈子跑）。俊勳9歲就可以跑4百公尺的操場40圈（共16公里），很多人不相信，國中以後甚至可以跑上70圈

（28公里）。罰跑時，周媽媽都會在一旁，並陪俊勳跑第一圈和最後一圈。

俊勳更怕爸爸責罵，12歲時，俊勳到大陸成都學棋3個月，「輸棋的話，爸爸就罰他走路回到住的地方。路程要2小時，除了很冷之外，周爸爸一路上還一直罵。俊勳說寧願爸爸給兩巴掌，也不要被罵2小時（馬西屏，2010：74）。」

周媽媽常為了過於嚴格的訓練和周爸爸爭吵，其實，俊勳的成功除了爸爸的魔鬼訓練，還要加上媽媽加倍的溫馨鼓勵。「周爸爸是一百分的『黑臉』，如果沒有周媽媽當兩百分的『白臉』，周俊勳不會有今天的開朗自信。在爸爸面前，周俊勳提早成為大人，到了媽媽懷裡，周俊勳卻永遠是個小孩子。也因為有爸爸的剛與媽媽的柔，才讓周俊勳能繼續下去（馬西屏，2010：72）。」

爸爸的訓練方式雖過於嚴格，俊勳卻很聽從；爸爸要他跪，他就跪，「跪」也是下棋時需要的功力。「因為小俊勳知道爸爸是為了他好，他也決心成為圍棋高手，所以跟爸爸站在同一陣線（馬西屏，2010：74）。」爸爸罰他跑步，除了讓俊勳練出下棋時需要的好體力，也讓他藉此宣洩心中的苦楚。

俊勳十分感激爸爸，雖然「許多教育工作者對周爸的嚴厲方式不能認同，俊勳卻說：『有這樣的爸爸真好！』（馬西屏，2010：76）」俊勳成功後，仍不忘爸爸當年的種種提醒，他很能體會爸爸的苦心。俊勳與媽媽的感情很好，成長過程中若非媽媽大量的溫情，俊勳的身心恐怕難以平衡。

二、「鬥雞」精神的郭韋齊

獲得總統教育獎、十大傑出青年獎的郭韋齊（1983年出生），7歲時因病引發敗血症而四肢壞死，若不截去雙手（齊腕以下）、雙腳（齊膝以下），就不能活命。領有醫檢師執照的郭媽媽，曾懷疑女兒的悲慘命運是醫生疏忽所致，而想控告醫院。疼愛韋齊的郭爸爸，傷痛的心更是久久難以平撫；甚至計畫買槍打死醫生，在韋齊媽媽的極力勸說下才打消念頭。

● 生命鬥士郭韋齊在6歲截肢前　　● 生命鬥士郭韋齊在7歲截肢後

　　令人感動的是，出院後的韋齊卻常笑臉迎人，反過來安慰想要自殺的爸爸。這才使郭爸爸想通，將韋齊的狀況看成「重生」，更珍惜活下來的生命。

　　韋齊努力運用只剩半截的四肢和部分受損的左腦，但周遭的不了解與嘲笑，仍常傷到她的自尊與自信。所以郭媽媽一開始就決定，要韋齊面對「自己的斷手斷腳」的事實，徹底學會不在意、不傷心，絕不躲在家裡當鴕鳥。

　　起初只要聽到別人談論或詢問韋齊的狀況，接觸到別人同情或害怕的眼神，就心痛得不得了。但一次次的勇敢面對之後，如今韋齊遇到小朋友嘲笑，就站著讓他們看個夠，或繼續做自己的事，而無視於他人的圍觀。郭媽媽也教導韋齊走向那些嘲笑或好奇者，坦然地向他們解釋自己的情形：「我是因為生病，為了活下去，所以才截肢。」不要逃避或將痛苦歸咎於人，更不要把自己當成受害者而傷心或生氣。

　　郭媽媽懇請家長告訴還不懂事的小朋友，看到韋齊的模樣，當然可以好奇，但討論或批評的聲音可以小一點。並請試著向孩子解釋，韋齊為什麼變成這個樣子。有一次，郭媽媽聽到一對父母跟小朋友說：「那個姊姊是因為受傷，所以才失去手腳。」郭媽媽走向他們，除了感謝這對父母能這麼做，也更正：「韋齊是因為生病才截肢。」郭媽媽要韋齊學習面對及

化解這些傷害，一直到聽別人談論自己沒有手腳卻不再會傷心，甚至還能微笑為止。

病後的韋齊，不只要適應少掉四肢的慘況，還有許多後遺症，包括精神不好、容易睡著、癲癇、呼吸困難、身體半邊無力等。更麻煩的是，因生病造成了「腦傷」，病後不能言語、智能退化、學習緩慢。韋齊在國小及國中階段，雖然待在普通班，但一直需要資源班特教老師的協助。但竟有普通班的家長，直接打電話給郭媽媽，要求韋齊轉校，說韋齊的學習遲緩已妨礙到其他同學的學習進度。

郭媽媽把電話內容老實地告訴韋齊，她知道，這對韋齊必然造成傷害，但郭媽媽希望韋齊學習如何處理，不要只是怨天尤人、痛苦度日。多年來，韋齊的課業成績依然無法跟上一般同學，但她的智能持續恢復，學習能力愈來愈強。除此之外，韋齊在鋼琴演奏、舞蹈、接受訪問時的語言表達、到學校及監獄的生命教育演講等，穩定度與成熟度都遠遠超越同齡者。

韋齊生病後，郭媽媽辭去工作，全心全意協助女兒復健，生活步調完全配合女兒。郭爸爸為了就近照顧，也辭掉麵包店師父的工作，改在住家附近租屋，自售不含防腐劑的芋頭酥。經電視台採訪及好心網友的轉寄，酥餅的訂單如雪片飛來，解決了他們的經濟困境。2008年，由於世界金融海嘯，訂單明顯下降。加上韋齊即將讀高中，郭家爸媽考慮「要錢還是要孩子的未來？」決定不再做酥餅，只靠積蓄度日，將時間全部用來陪伴韋齊。韋齊高職畢業前，父母天天開車接送。各種校內外的學習活動，媽媽都跟著學習（只要對方不拒絕）。

有人問，為什麼不把照顧韋齊的責任，交給學校或請別人代勞（甚至送到某些機構）？媽媽說，因為韋齊有時候脾氣很「牛」，一旦「叛逆」起來，很難勸得動。這樣的孩子送到機構，多半會被放棄。韋齊不願意學習時（其實是沒自信）會立即抗拒，此時一般人是帶不來的。媽媽在韋齊讀國中以前，還因此體罰她，也曾因過於生氣而狂打她。經鄰人開導才想通「不能急，孩子也有她自己的障礙要克服，要體諒及耐心地等待」，從此郭媽媽不再體罰（高中時還打了一次！因為韋齊學其他同學說「粗

話」）。郭媽媽說，為了面對韋齊，她幾乎忍下所有脾氣。

　　幸好韋齊自己懂得紓解情緒，心裡有不愉快，會找人訴苦（而且是找不少的人），這樣做的優點，不僅是不壓抑情緒、懂得找答案，而且郭媽媽才有機會知道女兒眼中的自己是什麼樣子，哪些地方需要修改。郭媽媽說，為了幫助韋齊復建及學習，她做了很大的轉變。

　　韋齊病後一路走來，郭家父母最大的心得是：不要用「忍辱負重」、「良藥苦口」的態度教育孩子，相反的，「教育應以快樂為目的」。也就是說，最大的教育原則是「快樂的生活，不要想未來會怎樣」。

　　多年的痛苦掙扎，韋齊媽媽只想「活在當下」，不再一直寄望未來。不必想著將來如何如何，想太多只會造成壓力與惶恐。唯有「把握當下，不奢望明天」，才會對任何的成果感到驚喜。如今，郭家父母很快樂，因為韋齊天天給他們製造驚喜。郭媽媽想，從最初「如此不堪」，到今天「天天驚喜」，這樣的轉變實在奇妙！

　　郭媽媽說，所有的學習安排，都是為了治療韋齊的身體。因為醫院的復健運動多半枯燥，成人還可用意志力克服，對7、8歲的韋齊並不適用。郭媽媽將復健運動改為畫畫、跳舞、彈鋼琴等韋齊喜歡的活動，即使因此要帶著孩子東奔西跑，再怎麼辛苦，郭媽媽都願意。他們只希望韋齊心理和生理都健健康康，能學會自立——好好照顧自己。

　　每次面臨升學關卡（國小升國中、國中升高中、高中升大學），郭媽媽都十分頭疼。求學路上一直讀資源班，學科成績又差，怎有機會讀大學？當然，郭媽媽不會放棄。因此，郭媽媽同時也為其他身心障礙的孩子請命，希望獲得較多升學「轉銜」的協助。幸好，多年經驗已練就郭媽媽不怕被拒絕的自信。不斷為韋齊找學校（10次有9次被拒絕），希望找出一條適合的學習道路，能結合鋼琴、舞蹈這兩項韋齊努力多年的成果。可惜的是，韋齊的大學之道並不平順，不僅沒有大學接受她，她自己也像得了「懼學症」（太多被霸凌的不愉快經驗），很害怕去學校讀書。

　　父母要以身作則，並有正確心態。如果父母不能面對及接受孩子的障礙，如何教導孩子處理這些問題？若父母一味逃避、否認，又一直責怪別人不理解、不耐煩，怎能教導孩子了解及接受這些先天或後天障礙，進而

向別人解釋自己的情形，告訴別人自己需要什麼協助呢？

　　郭家父母對韋齊很有信心，郭爸形容，韋齊的本質就像「鬥雞」；愈是困難愈能展現能量而想突破，韋齊的意志力及毅力均十分驚人。

　　周俊勳及郭韋齊的父母所做的努力，給其他身心障礙孩子的父母許多鼓勵及示範。對於正常孩子的家長，您又得到什麼啟發？

第三節　改善學習低落狀況的家庭動力

　　不少學生的家庭問題，大都超過教學範疇，如：家境清寒、單親或隔代教養、家庭暴力、家人身心障礙等，學校要如何協助？

　　《孩子有學習問題怎麼辦？》一書作者奧力維耶・雷沃爾（Olivier Revol）是一位兒童神經科醫師，他認為兒童的學習問題，生理的原因如失語症、失讀症、注意力缺陷過動症、發展性運動障礙等，心理方面則可能罹患強迫症、憂鬱症、懼學症、發展性運動障礙等。學習低落若是因為身心疾病，責怪孩子不僅無濟於事且更加壞事。應該對症下藥，配合孩子的症狀來協助。例如過動症的孩子，很難坐著不亂動、嚴重分心、對別人動作粗魯，容易遭到排擠或排斥。除了服藥，奧力維耶・雷沃爾醫師的建議是（詳參鄒敏芳譯，2007：頁106-109）：

> 1. 事先為孩子規劃好一日的計畫。
> 2. 指令簡單、明確，而且一次只給一個指令。
> 3. 給孩子適度的發洩空間。
> 4. 事先讓孩子把隔天要用的上學物品都準備好。
> 5. 不要讓孩子陷入負面情緒太久。
> 6. 當孩子的情緒爆開時，帶他離開當下的情境。
> 7. 讓孩子在腦中烙印一個準則：「先停下來，想一遍之後再
> 　行動。」
> 8. 給孩子一個喘息的空間。
> 9. 讓孩子知道他不會孤單一人。

　　《孩子學習低落怎麼辦？》一書作者Rathvon,N.是喬治‧華盛頓大學醫療心理學院雙博士及喬治‧梅森大學哲學博士，也是位執業的心理醫師，還擔任中小學諮詢及指導工作。他認為「學習低落者」（under-achiever）是：「智力水平和學習成績不吻合，如中等或中等偏上智力，卻只有中等偏下的成績。」

　　Rathvon以十多年來與學習低落生及父母共處的經驗，他發現：學習低落與親子的「依附關係」有關。人類有建立親密關係的動機，有安全感的人能接受或給予別人幫助，滿懷信心和熱情追求人生目標。反之，「難於產生安全感的人，會對他們自己的價值、能力以及別人幫助他們達成願望的意願產生懷疑。」（黃艷譯，2004：5）依附關係不佳時，學習低落的孩子會產生下列錯誤但固著的心態（詳參黃艷譯，2004：68-90）：

　　　　1. 我無法控制發生在我身邊的事：學習低落生多無法對自己負責，潛意識認為自身的努力不能對世界的事或人有任何影響。

　　　　2. 我需要被拯救，但卻不能獲救：對於一個可靠、能與他產生共鳴、可依賴的人物，有無止境的渴望，卻又預料自己不會得到幫助。因為覺得自己的問題存在於過去的不足，所以幫助的時機已經過了。

　　　　3. 如果不完美，就很糟糕：學習低落生常會為自己設定一套完美的標準，潛意識認為只有完美的表現才能彌補他的不足。因為現實與目標相差太大，使他舉步維艱，陷在自己設的挫敗泥沼中。

　　　　4. 成長不能給你帶來任何東西：學習低落者認定自己是無能的，他的能力不足以應付具有挑戰性的生活。眼前被失敗的陰影所籠罩，未來則因毫無進步的希望而黯然。

　　如何改變學習低落生的自我印象，Rathvon建議家長應採取建設性的溝通策略，包括（詳參黃艷譯，2004：148-164）：

1. 承認孩子的情緒感受，即使是消極的。

2. 父母的情緒控制，而非生氣。

3. 詢問而非質問，也就是開放式而非封閉式的問題。

4. 促使孩子自己解決問題，而非急著提供建議。

5. 建設性的鼓勵，也就是對現在行為的鼓勵，聚焦於孩子「所付出的努力」。

學習低落有時很難認定，因為父母害怕別人責怪他們養育子女的方法，於是將時間浪費在尋找學習低落的生理問題，而非心理成因（黃艷譯，2004：39）。

有時老師看到的學習問題，與父母看到的不一致。在學校注意力不集中或愛搗蛋的孩子，在家裡大多數時間都表現得體。因此當老師向父母提起孩子注意不集中、學習不努力或行為不端時，父母也許不去理會老師的關心。……家庭環境和學校環境對注意力、責任和能力的要求不同（黃艷譯，2004：40-41）。

要提升學習低落學生的學習成就，除了家長或老師各自努力外；若家長能請求老師多給予協助，抑或老師請求家長多給予協助，結合親師合作的能量，一定能有效幫助學習低落學生。

偏鄉或經濟弱勢家庭的父母，為了謀生而無多餘時間陪伴或關注孩子。如何提升地方產業？讓偏鄉居民得以在家鄉就有工作機會，這也能間接增進家庭功能。例如：池上鄉因金城武而提振了觀光事業，不少外出謀生的家長「回來了」，這就是金城武對產業及教育的貢獻。

學校還是要設法加強親職教育，讓弱勢家庭的家長理解他們對孩子的功能、價值以及有效的教養方式。日本趨勢專家大前研一認為，這個時代（M形的社會裡），真正聰明的父母應多投資「時間」，這才是孩子最需要以及最能盡到父母責任的利器。

以我來說，長子出生時，我也不知道「陪伴」的重要。只在自己忙碌當中撥一些空檔給兒子，而且還不「專心」。或以為把孩子「押」在眼前，逼他做數學題目或背英文單字就算陪伴。更常以孩子應該學習獨立及

自治等理由，光明正大的忙自己的事，未能真正參與孩子的世界。孩子考不好或做不到自動自發，又不斷指責他不懂事、不用心，父母卻未自我反省。幾年後，我的女兒出生了，這才終於醒悟，學著以女兒為「第一」。為了陪伴孩子，我不惜辭掉專職，成為自由工作者。安排工作時，以能配合孩子的生活作息為優先，為的是有更多時間與孩子一起用餐、做功課、聊天、談心，以及一起探討未來、度過難關，分享她的成功與喜悅。

家長絕對有可能為孩子進行補救教學，隆‧克拉克（Ron Clark）創立克拉克學園，極力促進家長對孩子的學習參與。遇到孩子學習狀況不佳時，隆‧克拉克的方法之一是「要家長自己做家教」，利用「家長夜」時間，隆‧克拉克這麼做（張琇雲譯，2012：274-275）：

> 我會邀請家長到教室，由我來教他們和學生相同的課程。我讓家長和孩子坐在一起，當我在白板上解數學題時，會和平常一樣點學生回答問題，讓家長看到孩子的答題狀況，也可看到多數學生常犯的錯誤。重頭戲是，我還會給家長10頁的模擬試題解答（包含答題步驟），讓家長有能力也有知識擔任孩子的家教。

李家同創立的博幼基金會，對弱勢家庭之國中小學生課業輔導，就召募及培訓當地社區（部落）居民為課輔老師，透過家庭訪視、家長座談會，增進弱勢家庭的父母照顧子女之能力與技巧。透過學校、教會及部落／社區、在地課輔媽媽的連結合作，培養出部落／社區的家長自助、互助的能力，讓部落／社區的課輔，獲得永續發展。

13 民間單位如何參與補救教學

> 　　每個人的生長，從「茫然無知」到「懂事發展」的過程中，教育扮演著關鍵性的力量。
>
> 　　　　　　　　　　　　　　　　　　　　～111教育發展協進會

第一節　一個人照顧一群人

　　由於政府的資源有限，無法照顧到所有需要補救教學的學生，幸賴熱心、有遠見的民間團體，自發地加入補救教學行列，如：中興保全文教基金會、博幼文教基金會、永齡文教基金會、家庭扶助基金會等。教育部若能適度引進民間資源投入補救教學，公私部門合作，將使更多的學生受益。

一、黑孩子，蓋房子

　　不只是企業或公益團體，也有單獨一人勇於承擔弱勢學生課後照顧的責任。「我，存在－原住民影像紀錄系列」，拿下第52屆金鐘獎。當中「黑孩子，蓋房子」，說的是台東「孩子的書屋」（潘俊偉，2017），陳俊朗帶著卑南族青年自力造屋的故事。書屋總面積1.3公頃，前方有8分農地可種蔬果及設置生態魚池。預計成立互相照顧、自給自足的社區學校，招收國中小學生。

　　1999年，陳俊朗從台北返回台東建和社區，原先只是為了陪伴自己兩個孩子長大，後來發現社區不少孩子沒有晚飯吃、四處流浪，單親、隔代教養等弱勢家庭比率超過七成，還有家暴、性侵、債務等問題。他從孩子的同學開始，除了讓他們有飯吃，也可到家裡一起寫功課、打拳、彈吉他、說故事。短暫的官方補助外，陳俊朗多半靠自己的存款，和志工一起照顧數百位孩童，不到10年便散盡財產，老婆離開他，胃病纏身、鬼剃頭、累到昏倒。即使如此，他還是扛起這個重任。把每位來到書屋的孩

子，都當成自己的小孩，這群小孩在學校、社區甚至家庭都不受歡迎。但不管他們是打群架、翹課或墮過胎的孩子，陳爸和志工團隊完全接受他們。

需要陪伴的孩子愈來愈多，於是，2007年成立「孩子的書屋」，讓社區弱勢孩子有個讀書或課輔的地方。南王書屋、美和書屋接著陸續成立，最多時候，書屋有超過350個孩子，都喊陳俊朗「陳爸」。但各書屋因租約到期而四處搬遷，孩子們也跟著流浪。

2014年，建和書屋租約到期，535位志工及8位書屋長大的青少年，決定共同打造一座屬於自己的永久城堡。9個月後（2015年8月），青林書屋落成，可住50個孩子，有錄音室及吉他等樂器團練教室。後來又增建風雨教室及廚房，讓孩子有更完善的空間，不用再搬來搬去，孩子們的心裡更踏實，臉上的笑容也多了。

蓋房子的過程碰到許多難題，大家都一一解決了，從此孩子們再也不怕未來還有什麼困難。這9個月的最大收穫是讓孩子們更有自信，能開始規劃前途。有四個孩子對營建有興趣，於是成立工程行，開始參與台東縣公共工程的興建。

過去十多年，超過一千個知本的學童在「孩子的書屋」長大。陳爸每天睜開眼就要面對一個月2、3百萬的開銷。每年幾千萬的募款目標，讓他

● 只要有行動，挽救弱勢者教育，永遠不晚

奔走全台。建造青林書屋的成功經驗，替陳爸和團隊注入一劑強心針。書屋租下一間舊平房，改建為咖啡育成中心（取名為「黑孩子黑咖啡」），提供孩子們「做中學」的機會。從烘豆、研磨、沖煮到品嚐以及學習服務，預備未來創業的能力。黑孩子黑咖啡也是孩子們的表演舞台，辦過多場音樂演奏會。育成中心是陳爸的階段性目標，未來希望開闢果園、菜園、咖啡店，漸漸達到自給自足，並藉此改變當地的社區人文，恢復社會中應有的互助功能。

陳爸將「黑孩子」歸類為情況最複雜的孩子，與一般弱勢孩子的性質互斥。他們在學校屬於老大，一般孩子怕他們。書屋裡有黑孩子，就沒有其他孩子願意待著。黑孩子對於正規學業的興趣不大，來到書屋可能只是玩電腦或無所事事。陳爸關心黑孩子的方式，就是參與他們的生活，嘗試帶他們賣牛排、修車子等。黑孩子的學習模式與一般人不同，不是先讀書再實際應用，而是從實作中慢慢學習、領悟道理。

二、小草書屋

新北市三峽在地青年林峻丞，2006年成立甘樂文創，平日是咖啡廳，週末假日就變身為策展空間。他邀請藝術家、獨立樂團來表演，甚至請到北港媽祖「進駐」。他以三峽特色產業出發，設計一系列文創商品，從明信片、旅遊手札到樟腦清香油等，提醒旅人記住三峽的美好。林峻丞發現三峽山區的學童，普遍來自貧困、單親、隔代教養或失親等弱勢家庭，缺乏家庭庇護與關愛，於是興起「絲瓜孩子的希望」陪伴計畫。帶領學童開墾農田種絲瓜，從播種、採收到製成菜瓜布，都不假他人之手。每一年甘樂文創在絲瓜布收成時，發起圓夢計畫，將賣絲瓜和絲瓜布所得，做為孩子的圓夢基金。夢想包括：騎腳踏車環島、學游泳、到台北看展覽……。騎單車11天環島1,000公里圓夢，從撰寫企劃書到提案贊助、規劃行程、體能訓練，最後完成夢想，讓孩子學到許多在學校不曾教過的事。甘樂文創讓弱勢孩子知道，並非只仰賴社會資助，也能夠靠雙手自助。

2015年，林峻丞創辦「小草書屋」，做為當地9所國中、小弱勢孩子的「家」，給予成長過程中最重要的關懷與引導。林峻丞讀國中時父母離

異，他與兄弟姊妹跟著母親過活。但母親忙於工作，所以大部分時間他很孤單、缺乏陪伴。「小草書屋」由3位專職老師和社區志工組成，是長期陪伴和學習的據點。樓上是國中小班共3間教室，樓下是閱讀空間與廚房、餐廳。孩子們在這兒除了加強課業，也學戲劇、陶藝等才藝，還有熱騰騰的晚餐可吃，全都免費。三峽附近學區的孩子若無心向學，學校輔導室就轉介給林峻丞，期望「做中學」的模式，能安定孩子的心。

林峻丞投入課輔工作多年，這幾年的經驗告訴他，很多孩子進入國中就完全放棄學業，因為跟不上。對學習一點興趣都沒有的孩子，不想再去學校。林峻丞擔心他們流入陣頭、宮廟，甚至販毒、試毒。所以課後輔導一定要從小學持續到國中，否則一旦孩子走偏了，就很難再拉回來。

2016年底，林峻丞的另一個築夢工程也在三峽正式啟動。他要蓋一所中輟、弱勢青少年職能培育的夢想學校「青草職能學苑」，希望陪伴更多孩子走過人生徬徨的時刻。除了讓國中生學烘焙、金工、三峽傳統技藝和手工文創，也讓學生們自營門市，收益的一部分就是學生的打工費，讓學生擁有獨立自主的經濟能力。

偏鄉地區缺乏教育資源的現象屢見不鮮，如媒體報導，住台北的音樂教師張仁豪，2004年到台東大武鄉旅遊時，聽到教堂內小朋友彈琴、唱詩歌的聲音，發現他們音感絕佳，無人指導恐怕埋沒天賦。於是他開始每個月一次的「義務教學」（不收鐘點費、車馬費），從台北搭火車到大武，單程就要8小時。他抓緊時間跑遍大武、達仁、延平、卑南等資源匱乏的村落，最遠到過綠島。高鐵通車後，他改在左營站附近租了一間教室，每月從台北南下，小朋友自台東搭火車到高雄，師生各繞半個台灣會合練琴。高鐵知道他的義舉，慷慨贊助張仁豪每月往返車票。這支弦樂團從2011年起，利用暑假在高鐵各站巡演，食宿費用仍由張仁豪四處張羅。除了感佩張老師「十年如一日」的熱忱外，更要設法使這樣的教學變成「常態」而非只是「善舉」。

第二節　一群人照顧一群人

不少基金會或企業投入補救教學／課後照顧的行列，而且是長期陪

伴、定點服務。

一、博幼基金會

博幼基金會於民國91年由李家同創立，主要使國中小學的弱勢學童獲得課業與生活照顧。這些孩子因為家長疏於關心與督促，每天晚上到博幼駐點中心免費課輔（包含免費教材及網站）。此課程與學校合作，由導師初評後轉介學生給基金會。李家同說（2016：50）：

> 博幼基金會當年成立的時候，就是因為我們看到國內有貧富不均的問題，而且低收入戶的學業成就普遍不高，更嚴重的是，他們的下一代學業程度，又落後於社經地位高的下一代。

報載（林秀姿，2015），博幼基金會投入偏鄉課輔多年，培養大專生志工及當地社區／部落家長擔任課輔老師。培訓在地媽媽當助教，好處是他們了解部落每個家庭的情況，從小看這些小孩長大；比起每學期來來去去的老

● 志同道合者，共同「奮起」搶救教育弱勢

師，更懂得怎麼陪伴學童。課輔中心還請村里長幫忙，學生缺課就用「村裡廣播」找人，小孩子跑到哪兒都找得到。學生也會覺得被全村關心，不會因為單親或隔代教養而失去上進心。「教育是全村落的事情」，讓學童願意自發地用功讀書，成為有能力的大人。

挑選參加補救教學的學生，以經濟弱勢家庭優先，不見得一定是課業落後。學生依程度分班，每天均進行補救教學。學童每週一至五放學後至

課輔教室上課2-3小時，甚至週六也來，減少他們在外流連、受到不良引誘的機會。基金會提供人文、品格及輔導課程，協助解決學童心理、行為等問題。

博幼在各縣市的駐點均有社工，學生入班之前，會先落實家訪。透過家庭訪視、家長座談會，增進弱勢家庭照顧子女之能力與技巧，提升家庭關係與親子互動，建立彼此間的支持與扶助。若學童或家庭面臨急迫性的危機問題，透過專業社工員連結社區資源，協助解決或轉介。

全省目前有新竹、台中、南投、彰化、雲林、嘉義、屏東、宜蘭及澎湖等13個中心，如：新竹縣竹東鎮和橫山鄉、台中縣沙鹿鎮、彰化縣芬園鄉、南投縣埔里鎮、屏東縣潮州鎮。偏遠原住民鄉鎮：新竹縣尖石及五峰鄉、南投縣信義鄉、屏東縣來義鄉、宜蘭縣大同鄉、嘉義縣阿里山鄉。偏遠海邊鄉鎮：雲林縣口湖及四湖鄉、澎湖縣湖西鄉。

博幼基金會無償釋出自行研發的補救教學教材給全國中小學教師使用，2014年架設基本學力檢定平台，英、數兩科由小一至國三的教材均供免費下載。

二、家扶基金會

家扶基金會位於全省的中心，都舉辦課後輔導班。期待藉志工之努力，提升貧困兒童之課業成績，並減輕受扶助家庭家長之負擔。貧困兒從小學即參加中心的課輔班，逐步補強之後，到了國中成績進步，才知道自己還是可以升學及圓夢。

為幫助弱勢家庭學生，家扶基金會招募「助學人」。有國中校長表示，自己及兄弟姊妹共6人，都接受家扶幫助才能順利完成學業。助學人曾送給他從日本帶回的筆盒及自動筆，不只激勵他繼續努力向學，更不時提醒他必須幫助更多人。家扶調查指出，大多數受助家庭沒有能力支付子女學雜費；子女若想升學，必須靠打工。但生活與經濟壓力，往往讓他們提早放棄升學，甚至放棄夢想。許多受助者感謝家扶的助學人，讓自己一圓讀書夢。因為珍惜助學人的助學金，因此上課不敢打瞌睡、努力唸書。當他們圓夢後，也會回到家扶中心擔任課輔志工及助學人。

三、中華民國快樂學習協會

導演吳念真於2013年成立「中華民國快樂學習協會」，至2017年3月，全台偏鄉已有73個「孩子的祕密基地」。祕密基地的孩子多半是隔代教養或弱勢家庭，親子相處時間、互動品質明顯不足，情感歸屬和陪伴的需求更加強烈。

家庭遇到變故，不幸失去功能，社會資源就該及早進來彌補家庭缺口。位於屏東高樹鄉的祕密基地，是一個兼具教育、生活機能、社會福利等多元功能的大家庭，目前有40個孩子。受幫助的孩子當中，最大的已經唸大學了，暑假時會返回基地打工，擔任「大哥哥」、「大姊姊」來教導學弟妹，以賺取學費。弱勢家庭的孩子，成長過程特別辛苦。若沒有人及時拉他們一把，人生可能整個變調。祕密基地的工作不只輔導孩子功課，還把社會資源帶到每個孩子家中，讓問題家庭能再度發揮家庭功能。

快樂學習協會理事長吳念真指出，當年他與「紙風車」下鄉，讓偏鄉孩子能接觸藝術。但蜻蜓點水的一夜演出，隔天就離去，不免讓他心懷愧疚，有種背叛孩子的罪惡感。因此他創立快樂學習協會，成立許多「孩子的祕密基地」課輔班，照顧孩子下課後的生活。

協會成立的第一個課輔班，在嘉義東石，第二個在鳳林鎮。許多偏鄉父母尤其是新住民媽媽，不太懂得如何教育孩子。雖然是經濟弱勢家庭，父母卻仍提供智慧型手機、電腦等3C產品來滿足孩子。在課輔老師細心陪伴下，弱勢孩子像是從沙灘回到海裡的海星，又活了起來。他們找回心靈的安全感，建立自信心，重拾課本。祕密基地的目的，不僅是照顧孩子的課業，更重要的是陪伴孩子成長、導引他們學習興趣。吳念真坦言，做課輔班壓力很大，需要不斷募款。但祕密基地的存在，就像一盞路燈，每個人都是點燈者。路燈不能熄，它是一種方向感，讓孩子可以沿著亮光找到人生出路。

四、均一中小學與均一教育平台

嚴長壽認為，教育加劇貧富不均的現象。以前貧窮學生還可以考公費

的師範學校，現在許多考試都需要補習才考得上。貧窮小孩沒辦法付出這樣的成本，弱勢翻身的通道被封住了。

2009年，他籌組公益平台文化基金會，希望為花東的永續發展盡一份心力。他觀察到升學考試掛帥，讓原住民的藝術天賦無法得到發揮。加上缺少教育資源，許多花東孩子在學校畢業後找不到工作。此外，許多部落壯年離鄉工作，把小孩都留在部落，隔代教養的狀況十分普遍。為了彌補花東孩子學習資源的不足，公益平台舉辦許多英語營、藝術營等，雖然在當下孩子的收穫豐富，不過他發現這樣還不夠。「唯有辦學校，時間長一點的教育，才能對這些弱勢孩童產生結構性的改變。」嚴長壽說。2011年，佛光山星雲大師聽到嚴長壽的想法，馬上把佛光山在台東已創辦2年的均一中小學，無條件的交由公益平台接手。嚴長壽計畫至少三分之一偏鄉弱勢學子可獲全額獎學金，透過優質教育讓弱勢孩子提升自己，改寫偏鄉宿命。

除了國中部以外，嚴長壽還希望可以設立高中部，以實用藝術與觀光專業技能為主軸，進一步學習如民宿經營、餐飲等課程，讓學生畢業後即有就業或小型創業的能力。他打算先和花東地區高中職合作，以班級為單位試行。均一中小學的宗旨，是培養有自信又專業的青年，結構性地改變花東的未來。

國中部課程特色如：提供雙語學習、藝術訓練、應用科學（電腦、數學），以花東原住民的藝術與人文、環境生態為主題，強化在地認知，並協助學生塑造品格、道德思考力及正面價值觀。

均一強調雙語教學，由於學校採取住宿制度，不僅課堂上使用英語，平日的生活環境也會用英文。打造生活化的學習環境，讓學生有國際接軌的能力。語言雖是國際化，教學內容卻著重在地文化特色，包括原住民文化、生態環境的認識等。

均一實驗高中的發展，將從華德福教育轉向國際化接軌，嘗試在國高中6年階段，培育學生做好面對世界的各種準備。強化孩子的英文能力、專注力、團隊合作等基本功力，以及探索自己的天賦與專長。只要均一的孩子在「學術」、「技術」、「藝術」等三個面向有明確的規劃，學校就

會全力輔導，讓他做好面對未來的衝刺與準備。

　　高中課程特別設計「國際餐旅」、「綠能建築」與「當代藝術」三大創意學群課程，各學程以主題式（文化歷史、季節、節慶、地域性特色）跨領域思維規劃3年課程，在「做中學」中建立真實學習與問題解決的能力。教學方式採用引導式，不再強調標準答案的填鴨式教學。力求引導學生的天賦，強調學生解決問題的能力。

　　另外還成立免費的教育資源網站「均一教育平台」，透過網路平台的自我學習機制，大幅解決偏鄉師資不足及學生程度落差太大的困境。讓孩子了解學習的問題所在，靠自己的努力過關。當學生知道可以選擇挑戰、掌握進度、解決問題，於是每一個人都可以「自力學習」。在iPad上流利操作「均一教育平台」，就像打電動一樣有成就感。答對一題就可以得三分，累積的點數愈多，就可以選擇自己喜歡的徽章。讓學生從教室裡的「客人」，翻轉成為「主人」。

　　應用科技設備引起學生的上課興趣，已成為一種趨勢。均一平台不僅提供數學、生物、物理、化學等科目的相關短篇教學影片，更提供數位化的互動學習教材。均一平台由於每道習題都有即時追蹤作答紀錄的功能，可幫助老師了解同學對於哪些範圍吸收不佳，儘快為學生解惑，並輔導他們找到答案。均一平台積極與教育部合作，希望透過平台資源的協助，讓老師可針對不同學生用不同的影片或習題進行指導。

　　國中會考後，將近三成學生的數學成績為「待加強」，為了幫助這些學生銜接高中數學，「均一教育平台」推出「自己的數學自己救」計畫。希望結合學校、老師及學習機構，讓這些學生在高中課堂上享受學習的樂趣，不至於還沒開始便決定放棄。

　　教學平台的使用，就如平常上課使用的多媒體影音工具，能夠加強對該課程內容的印象。老師在同學使用教學平台的過程，並非不聞不問，而是隨時觀察學生的狀態，例如：教學者透過均一平台所顯示的同學作答紀錄，分析同學的回答情況，以追蹤學生的學習情形。同時也可根據個別結果，調整教學的方向。不僅幫助學生成長，老師備課時也不會面臨學生程度落差太大、無所適從的窘境。

五、永齡教育基金會

永齡教育基金會和多個大學合作，培訓輔導老師及社工人員，然後在各小學找尋低收入戶、低學習成就的學生，透過社工幫助他們解決部分家庭問題，然後由老師進行課輔。擬將既有平台公共化，除將「永齡希望小學」更名

● 永遠有努力的老師當開路先鋒，讓你追趕

為「台灣希望小學」，也號召老師、大學生投入課輔（每小時鐘點費400元），每次上課兩節（學校只有一節）。大學生師資可能不了解學生，所以多半安排教低年級。永齡有督導，但沒有納入教育部的訪視。

永齡基金會透過與大專院校合作，開辦希望小學分校；透過實地訪視弱勢家庭兒童，了解家庭概況及學習能力，並在合作的國小進行課業輔導。招募合作國小鄰近的大專院校學生為課輔教師，經徵選、試教到面試，縝密選出適合的老師，再經過密集培訓，分發到各合作國小。課輔期間透過社工與教學委員，到教學現場觀課與協助個案處裡。透過月檢測（評量）評估學生學習成效，增強學生學習動機。

秉持不讓窮孩子落入永遠的貧困之理念，希望經濟弱勢的孩子及早補足課業上的學習落差。藉由教育擺脫貧窮，發揮向上躍升的潛力。透過課業輔導計畫，協助經濟弱勢家庭、課業有待加強且願意向學之國小在學生，提升學習能力，增進對學習的自信。

自2007年起，投入小學課輔10年後，永齡教育基金會宣布花1.7億元

研發小學國文、英語及數學教材，透過前測找到學童課業的落後點，依程度編班、分級課輔，版權將釋出供學校免費使用。

永齡教育基金會也在高雄及台北成立南北教育資源中心，提供融合遊戲與學習的程式教育、實驗遊戲、VR實境系統導入等，讓孩子在身歷其境的感受中，體驗人格教育。

六、其他無數的善循環

鳳梨會社築夢基地的志工蔡明輝，原本是積極熱心的學校行政主管，也曾在偏鄉小學服務。從教育職場退休後，心裡總想能多做些社會服務，尋找生命價值，和熱心人士從事善的循環工作。民國107年1月10日，他第一次來到嘉義市西區家庭福利中心所設「鳳梨會社學生課後輔導的築夢基地」，看到好幾位夥伴申請專案計畫，辛勤照顧社區孩子，指導孩子寫作業。他立即決定邀有多年帶班經驗的妻子鄭老師，一起來為學童進行課業輔導及生活關懷。

中國信託慈善基金會從民國104年起推動「台灣夢兒少社區陪伴扎根計畫」，結合在地社區為孩子打造築夢基地，提供弱勢孩童多元陪伴與在地特色課程、營養餐食。動員社區組織志工，建構兒少社會安全網絡，共同照顧社區的弱勢學童。

中國信託慈善基金會還要建立更多社區聯盟基地，盼望師培生及退休老師等多加入。蔡明輝加入推動閱（悅）讀的工作，在準備教材及上課題材上，感受到新的開始、有很多動能，將以生命影響生命。

教育部國教署前署長吳清山於2015年8月卸任署長，回台北市立大學當教授，發起成立「111教育發展協進會」。吳清山小時候住在雲林四湖鄉，家裡環境不好，打赤腳上學。直到小學畢業，媽媽賣豬幫他買了一雙「中國強」球鞋。因為很珍貴捨不得穿，暑假2個月出門時，都將鞋子掛在脖子上，一直到進了國中才穿鞋子上學。他認為教育能翻轉命運，教育111的理念是：

教育是以「人」為主體的教育，教育的主要功能在「開發

人的潛能」和培養一位「幸福之人」。

　　每個人的生長，從「茫然無知」到「懂事發展」的過程中，教育扮演著關鍵性的力量。

　　延續他在台北市教育局長任內推動的「教育111」政策——一校一特色、一生一專長及一個都不能少，協助偏鄉及弱勢生。關懷偏鄉教育，為協會成立宗旨與重要使命。2016年，為扶助偏鄉縮短數位落差，提升教學與學習品質，發起「百部單槍送偏鄉」活動，獲得廣大迴響。原擬2年達成致贈百部單槍目標，於106年1月完成致贈111部單槍。

　　接著鼓勵偏鄉學童多閱讀、愛閱讀，激發孩子閱讀樂趣，發起「書香傳愛偏鄉」活動，去過新竹、新北等多所偏鄉學校，致贈許多新書。還舉辦偏鄉藝術夏令營，邀請台北市教師管樂團藝術總監黃世傑老師，在苗栗縣南埔國小辦理為期3天的免費藝術夏令營，提供學生藝術學習的機會，計有來自南埔、三灣等6所國小約70位學生參與。吳清山深知偏鄉文化刺激不足，學生參與藝文學習資源較為欠缺。很多偏鄉孩子具有藝文天分，可惜學習機會不足。偏鄉需要的圖書、文具、玩具、運動用品等，協會都會盡力籌措。

好好經營，偏鄉學校就是這麼美好（池上鄉福原國小）

14

補救教學的問題與展望

補救教學的路上
充滿困難，
但堅持走下去就是
成就與愉快。

第一節　補救教學的反覆思索 —— 賽特・阿書／任教離島某高中的老師

賽特・阿書老師說，我是個不愛唸書的小孩，至少過去的教育場合這麼「標籤」我。但我卻很喜歡看報章雜誌，靜得下心看完冗長的文章及議題。我就這麼渾渾噩噩地到了大學，機緣巧合下，意外扮演起他人眼中的熱血青年，輾轉到偏遠與弱勢地區當志工6年。經過當兵、職場的洗禮，開始我在偏鄉2年多的代理教師生涯。沒想到卻發現這份工作像是自己的天職，對它莫名地投入，想燃燒自己，把它做到最好。這份工作可以和學生、家長、社區及當地文化有新的連結，正是自己想做、有關「人」的事情。那一刻我明白，自己有不一樣的道路可走，且完全不是過去認知中可以做到的。於是我開始對教育有了不一樣的感觸，然而卻感到心有餘而力不足……。

國中會考滋生的減C政策，讓學校和學生大喊吃不消。如果一個大考的分數統計結果，沒呈現常態分布，這會是份具有篩選與檢驗成效的測驗嗎？也許不必然，但如果具有篩選與檢驗成效，必定仍有相對比例的考生落在後段，也就是需要被檢討的對象。但如果他們都因減C的計畫進步了，誰會是那常態分布的後段？我想普天之下，不會有一個競爭性的比賽或考試，人人都是第一名。不幸的是，政策唯獨要我們不讓自己教的孩子當最後一名，這最後一名的考區和學校，偏偏都集中在那幾個地方。回過頭想想，那些集中的區域不也突顯了其他可能的問題，是貧窮嗎？弱勢？城鄉差距？師資不好？還是其他更根本的差異，如……我們就是不一樣。

若要讓學生具有上戰場的能力，我們就得回歸他們學力的表現，也就是對會考內容的熟悉程度，才能令他們帳面上的學業成績有起色。於是另個棘手的問題產生了，偏遠地區的孩子，有著與市區孩子截然不同的學習特性與文化氛圍；在全國統一的考試與學習教材下，究竟是教完所有進度比較重要，還是為了彌補他們的「多元差異」，教會某些教材就好了？這始終是個兩難的議題，讓每個老師深受其苦。總要盤算著，我們是否要背負起那個責任？

　　因此我開始檢討自己，大概是能力不夠吧！所以才會這般有心無力。但看到其他正式、代理老師都有同樣的困擾，我就納悶這現況是否無解、是不是沒有終結的一天？只有偏遠地區是這樣吧！台灣的市區學校應該正常許多！

　　於是，在我多方嘗試了解之後，我徹頭徹尾對台灣的教育感到悲憤，對自己專業的不足感到自責。毅然決定回來唸研究所，補足自己的缺漏。上述不少問題，源頭幾乎皆指向學生的基本能力不足，教育單位對於這方面的補救措施，正是所謂「補救教學」。討論正題之前，想先問問，你對補救教學的定義是什麼？補救的對象是誰？對象如何篩選？補救的方法是什麼？補救的內容是什麼？補救的完整架構呢？誰負責上補救課？和平常的教學有何不同？

　　對我而言，遺憾的是，回到市區就學的一年半來，相關議題之爭論與矛盾不斷上演。甚至發現不少菁英學校，沒有「正常」操作補救教學。就補救教學的現況來說，我自己觀察到的問題包含：被拿來不正常運用、教法與正課無異、要求現職與非現職教師都要有補救教學的培訓認證，以及正式老師不願去教……。

　　這些現況正常嗎？仔細想想，若非教育相關職業，必然不知道補救教學已行之有年了吧？國中、小學生需要到「國民小學及國民中學補救教學評量系統」做測驗，高中職生則以會考入學的等級，以及各次評量和學期總成績的名次為篩選原則，若是未通過，則需藉由禮拜一至五的第八節、寒暑假等開班補救，當中皆有特定的時數、班級數、人數等規範。然而，我們是這麼操作的嗎？不一定，不少補救教學班仍被老師用來上正課、趕進度、複習等，而需要補救的學童甚少真的被抽離去上課。其中更遑論通過測驗的學生，理所當然可以不上這些課。卻因為不正常的實施，逼得大部分的學生不敢告假或拒上而被綁架！

師資問題

　　回到補救教學的問題，為什麼正式老師不願意教補救班？明明鐘點費比正課多呀！討論這問題時，很多人會將正式老師汙名化，覺得他們想要

● 補救教學需要特別用心的老師

準時下班。當然，有些人認為是老師想教令他們有成就感的學生，畢竟不是人人都能像孔子這樣「因材施教」。若這些老師在正課便能做到差異化教學，令成績後段的孩子跟得上，通過補救教學的前測，哪還需要補救教學？若老師的教法不適切、學生學不會，是否該另請高明？這麼理解便能得出一個理所當然的結論，就來一個「補救教學的培訓認證」吧！

　　然而，上過培訓課程的老師都知道，不是所有的教法都適用，學生更是百百種，一套教法在你那裡行得通，到我這裡卻不可行。遺憾的是，被要求去上認證課的人，多半是非現職的教師，即便培訓課的經驗分享與教材交流很受用，上課的老師也許志不在此，只是為了能兼課而認證。或是因為學校要求你培養補救教學的能力，包含：如何安撫學生？如何令已經有逃學、棄學傾向的他們願意上課？如何令長期學業成就感低落的學生，找回學習興趣與熱情？

　　話說回來，如果學生正課都聽得懂，或即使聽不懂，家庭能夠用其他方法補足，如自學、家教、補習等，怎麼還有一堆學生需要被補救？如果

學生正課聽不懂，教他們的老師不是需要更專業嗎？為何我們請僅上過十幾小時的「非專業教師」，上這最需要經驗與教學能力的補教教學呢？逃避的人究竟是學生、老師還是學校？有些國中小與鄰近大學合作，將需要補救教學的學生交給大學生來教。大學生的熱忱足夠，但班級經營與教學技巧卻不足。後來學校仍改由自己的老師擔任補救教學師資，頂多將程度不太差的學生交給大專生協助。

當然，這麼討論太過分了，畢竟補救教學的課很難上，教師避之唯恐不及。就舉我自己的經驗吧！我在上補救教學課前，會將要教的內容切得比正課還細，並搜尋可能的教學法、學習單、影片、音樂等相關資源，接著會想辦法融入學生喜歡或生活周圍接觸的事物，藉由說希臘神話故事當課堂的結尾，或融入電玩遊戲的角色技能、生平介紹等內容教學。且會放得比平常上課還鬆、還開，就像個嬉鬧的丑角。得到的回饋是，平常睡了七節課的學生，在我的第八節居然能醒著上完整節課（當然有可能是睡飽了或快放學了，所以很興奮）。或有學生在補救教學比正課還積極學習，能參與活動和學寫學習單，並殷殷期盼著聽故事。不過還是有些負面回饋需要花心思處理，如第一堂課會聽到學生說「吼～怎麼又是你」，然後我得一方面壓下自己心裡的OS「吼～我也不想呀！」，另一方面悻悻然地一秒變「嗨咖」，假裝沒聽到，然後很賣力地和學生邊玩邊學。學生不起勁時，我也會覺得怪不得很多老師不喜歡上，實在是吃力而不討好。花的備課精力和背負的壓力，不言而喻。

最後，我還是必須提出自己的觀點，補救教學可不可能自頭至尾只是個偽命題？亦即如果這些需要補救的內容或方向，是國家認為學生應具備的基本學力，那這些被定義要補救的課，為何只有國文、英文、數學三科？難道只因為這些是主科？其他的學科及術科所著重的能力，難道沒有同等重要？那些通過補救教學測驗的學生，等於具備國民應有的基本學力（或能力）嗎？我們目前看到國人缺乏的能力和素養，似乎不侷限在這三科的範疇吧？又或者，這三科如果不以主流觀點去定義，而涵蓋多元的民族性，農林漁牧獵等知識都在其中，過去能通過補救教學的主流菁英，如今是否還能通過？有沒有可能，補救教學終究只是不平等的偽命題，只是

為了服務和證明僅具備這些能力的人，因此迴避彰顯各科平等重要的多元能力。

　　無論如何，身在教育戰場的我們，只能硬著頭皮上課。不管是正課或補救課，都必須找到自己的能量來源，不斷自我勉勵，同時鼓勵在同一條路上的教師。依我看來，就只能堅守自己相信的教學理念了。暫且放下「教會」與「教完」的掙扎與矛盾，嘗試著做出改變。在汲汲營營為了學生的成績付出時，想想這些成績是否能定義他們？還是其他帶著走的能力，才是他們更需要學習的？唯有相信自己、相信學生並相信教育，我們才能說服那些看不清教育本質的人。該補救的除了學生，還有我們更遠大的未來，這條路不好走，但需要我們堅持，加油！

第二節　補救教學的問題與挑戰

　　要幫助學業成績低落的孩子，本不是件容易的事。不論是因為個人資質、學習動機、家庭問題、社區環境、教育政策、教學方法等，要提升學生的學業成就，就得先排除諸多內外在障礙。以教育部施測系統篩出需補救教學的學生，就會產生問題。因為採用百分比的緣故，若大校有3,000位學生，每一個年級1,000人，都抽出後35%的學生，一個年級就有350人。補救教學一個班不可超過10人，那麼要成立多少個補救教學班？太多班級，師資可能不足；太少班級，補救的效果不彰。

　　訪問英語科補救教學種子教師葉怡美老師（苗栗縣建國國小英語教師），她常有機會接觸補救教學第一線教師，他們最常反映的問題如下：

　　1. 目前補救教學班上，常有一、兩位應該去資源班的特教生；不僅增加教學及班級經營的困擾，更使現職老師對補救教學卻步。

　　2. 補救教學班常未分年段，可能因為小校，一個年段裡參加補救教學的人數不足6人，所以才兩、三個年段一起上課。但混齡教學因教材程度及目標不同，很難進行教學；難道要對不同程度的學生，各教三分之一的時間嗎？所以最好是專案報備，改成3人一班，就沒有上述困擾。

　　3. 以大校來說，雖檢測出幾十人需要補救教學，但最後可能只成立

一個班。主要因為家長不同意，覺得上安親班也有人教，而且更加方便，或擔心孩子被貼上學習不佳的負面標籤。還有時是學生自己不想到補救班，下課後不想再多上一、兩節課。因此不少孩子並沒有受惠於補救教學，致使程度低落的狀況，從國小持續至國、高中。

4. 補救教學師資在都會區或大校較無問題，幾乎都由現職老師擔任，上課時間也較多。如每週上兩次，每次上兩節，英語、數學及國語皆能如此。甚至在一般教學也可依程度分組，這樣對各類學生都好，教師也可輪流教不同程度的班級。但偏鄉很難找到師資，一方面是該科教師本來不足，最多三校共聘一位教師（如英語）。加上沒有交通費的補貼，使得山上及海邊的學校找不到補救教學的教師。

● 神木不是一天長成的，創造教育奇蹟也是

5. 實施補救教學的同時，也需探討及加強一般教學。更早開始調整教學方式及進行補救，才是治本之道。補救教學的重點應放在小學階段，在前端或源頭就要讓學生打好基礎。

國中端的狀況又如何，在台南任教、非常熱心的鄒老師所看到補救教學的問題是：

1. 孩子來上課的興趣不高，甚至抗拒補救教學，因為已長期的自我放棄。所以，如何設計適合孩子的課程內容，引起再度學習的興趣，就非常重要。

2. 衡量是否嚴重學習落後的孩子，幾乎都以現在的標準，如學期成績總平均不到60分，而非以基礎觀念或能力來衡量。對於有些國、英、數三主科都需要補救的學生，怎麼分配補救教學的上課節數，才能達學習效果？補救教學的實施多半放在第八節課，一天上課已非常疲倦。若天天都需要上第八節，累積的只是疲憊而非成就。

3. 即使參加補救教學，多數是跟不上現階段課程的學生，所以需要補考或繼續列入下一次補救教學的名單。隨著年段上升、課程難度更高，補救的名單往往是更多而不是減少。

4. 若補救教學的目標是讓孩子參加補考，60分通過就好，這也失去補救教學的真正意義。為何每個孩子每個科目都需要過關？或為什麼一定非國、英、數這三科過關？用60分的考試分數評斷，是唯一認定補救教學成效的標準嗎？有些孩子真的對學科沒有興趣（包括本身興趣不在此，或因長輩寵溺而怠惰），一再壓著他上課，不能睡覺、不能說話，只能看著黑板發呆，真的蠻可憐。有些孩子在課堂上毫無參與感，只要跟學科有關的內容就全部放棄。放空算好，趴下睡覺、玩別的東西都不罕見（校規不允許趴睡，所以課堂上要一直中斷去叫醒他們），聽笑話時倒很清醒。可是這些孩子有特殊運動專長，如柔道、田徑、自行車全國賽選手，他們的特質就是愛動，不喜歡拘束在教室內。

5. 偏鄉教育與補救教學還有一些地方值得思考，除了區分偏鄉應該著重學科還是能力之外，補救教學是否該留給「需要」跟「想要」學習的孩子？因材施教以及適性教育非常重要。

曾任國家教育研究院測驗及評量研究中心主任的李俊仁教授認為（詳參彭宗平、李知昂、IC之音，2016：166-171），補救教學的問題包括：

1. 應建立有效的評量系統：學生答題之後，老師就知道他哪個概念不會，引導他去看適合的影片，但這個工程頗為浩大。有些學校以段考成績評量補救教學的效果，只能知道他是否掌握目前的學習內容，仍不了解其基礎能力的狀況。

2. 補救教學不是要學生全部學會，而是把學生最需要的核心概念抓出

來。否則有些課程內容在生活中使用機率不高，學生難以產生興趣。

3. 與其討論補救教學，不如先改善一般教學，使老師都能運用差異化教學而達到有效教學。現今教育政策可以將落後太多的學生「課中抽離」，由其他老師負責教學。問題是，學校可能找不到合適的老師，尤其是偏鄉地區。

4. 老師們應改變觀念，不是把進度教完，而是看學生學到多少。補救教學的學生，段考時是否可以另外出題，以免挫折感太大。

報載（聯合報記者／連線報導，2015），補救教學實施至少20年，但成效不佳。關鍵是補救的方法錯誤，時間也不夠。受訪的縣市教育處主管、中小學主任及老師的意見包括：

1. 補救教學師資應是受過專業訓練的老師或大學生，並非原來的任課老師。補救教學最早稱為「教育優先區計畫」，希望縮短城鄉教育差異。因偏鄉的補救教學師資難覓，學校現有老師幾乎都投入課後補救教學，「不是為了鐘點費，而是為了下一代。」

2. 學習沒成效，不是老師的問題，這群需要補救的孩子白天都坐不住，課後怎可能留下來？且一、兩節課能學到什麼？孩子不想學，塞再多東西也沒用。許多學校請現職老師「兼」補救教學，師生都有無力感。補救教學方向正確，但理想和現實落差太大；同樣的內容對學習力差的學生，教多少次可能還是不會，老師的熱忱逐漸被磨損。

3. 偏鄉補救教學與學習環境、家庭支持等因素相關，若不能解決，再怎麼補救也難有起色。許多民間團體到偏鄉補救教學，都有社工系統介入；教育部應該與內政部合作，增加學校社工的編制。

總括來說，補救教學須面對的挑戰或須解決的問題如下：

一、師資與培訓問題

補救教學到底應由另外訓練的專人負責，還是現職老師或原班老師兼任？師資來源雖開放為校內教師、外聘教師或志工，然而校內教師的授課

時數已滿，負荷已重，實在沒有時間自編教材。學習適應困難學生的學習動機較差，學習成效不明顯或緩慢，因而校內老師大都不願擔任補救教學師資。外聘教師對管理學生較無約束

● 淑俐教師在太魯閣國家公園唯一的小學——西寶國小

力，且在校時間有限，難利用課餘時間監督或輔導學生。不少學校行政傾向先由校內專任或原班老師擔任，但班級導師的配合意願不高。因為補救教學通常在早自習、自修或聯課活動，導師可能利用這些時間處理全班事務、加強課業複習或評量。如果利用第八節課，其餘參加課後輔導或補充新的進度，參加補救教學的學生就更跟不上進度。

　　補救教學的師資由實習老師、一般大專生或志工擔任，易有班級經營或教學技巧不足等問題。而且需要補教教學的學生，不只是落後一點點，大學生擔任師資，能實施的教學策略相對較少，也沒有成績的生殺大權，對學生的學習態度難以規範。低成就學生需要「有經驗的老師」，否則對於老師及學生都是折磨。

　　就算讓正式老師擔任，老師對於補救教學的態度，也有很大的差別。若對補救教學有理想且願意多花時間及用心，就會用鼓勵的方式，注意個別差異，以成績較好的學生帶領需加強的學生，容易分心的學生則安排在老師的正前方，以便隨時掌握。這些補救教學技巧，不是訓練幾天、幾小時就可以培養出來。都市學生的程度已有頗大落差，可以想像偏鄉學校對於補救教學更強烈的需求。但偏鄉不論師資或經費都更缺乏，如何有效利用經費及培養師資，是需要努力的課題。

　　交由教會、公益團體的志工擔任補救教學師資，也是選項之一，重要的是如何加強其教學內容及方式。不少教會及民間團體投入相當經費及人

員訓練，但因缺乏教育專業知能，對學生的了解不足，師生關係、親師關係不穩固。加上無足夠的教學督導與訪視，成效難以掌握。

目前補救教學的研習，現職教學人員8小時認證、非現職教學人員（無教師證）18小時（含4小時基礎課程及14小時實體課程），多半參與者認為並不足夠。教育當局應舉辦研討會或相關研習，針對補救教學建立一套專業模式，例如根據學生能力做適當分組、根據學生特性選擇適合的教學方式等。目前承辦研習學校因錄取名額有限，許多老師有心參加但無法報名，所以學校仍有欠缺補救教學專業師資的現象。

二、成效與評量

補救教學在國中部分，依各縣市或各校「減C」的進步情況來看，是有效果的。但目前仍有一成多至三成多學生國、英、數是「C」等級，進入高中職後要繼續參加補救教學或分組教學。報載（林秀姿，2014），103年度國中會考後有不少學生的國、英、數三科被列為「待加強」，為了讓這些學生上高中後跟得上其他學生，132所高中職向教育部提出補救教學申請，4萬8,272名學生受益。102年經補救教學仍不及格的比率近五成，可能是所讀群科「不適性」，學生無法適應高中職的課程。補救教學成效不佳，除了學生本身缺乏動力、跟不上進度，可能還有其他複雜因素，包括家庭經濟弱勢、父母親發生變故等，需要其他社會資源介入協助。高中職的補救教學和中小學不同，高中職類科多，每班進度不一樣，學生差異更大，考驗著老師是否能針對差異進行補救教學。國小部分沒有升學壓力，較無檢核補救教學效果的壓力。

補救教學的介入，要長期且密集。但實際情況卻是每週最多兩節課，而且不強迫需要的學生參加。加上老師的經常變動，教學效果常不如預期。

若老師將學生低成就歸因於學生本身及家庭因素，將使學習低落、缺乏成功經驗、家庭未提供良好學習環境及缺乏文化刺激等之間的關係，形成惡性循環。老師較少檢討是否因教科書、教學方法不當，無法滿足學習需求，才造成學生的學習低成就。老師若認為學習低落的原因是弱勢家庭

（含文化不利因素），家長未提供子女良好的學習環境與指導；此時學校或老師能否寄望家長的協助，挑起屬於家長的課業指導責任呢？

不要過度強調補救教學測驗的數據，以免老師為了過關而急於達標（分數的目標）；重要的是「質的評量」，以及「個別教育計畫」。

三、標籤化、教材教法、授課時間

學生被分到補救教學班，如何去除「貼標籤」的問題？有些家長不願意子女被標籤化（自己也被貼標籤），以致對補救教學產生排斥。所以學校行政及教師應好好思考與調整，例如將名稱改為加強班、精進班，或採用名人的名字，如愛因斯坦班、阿基米德班。不僅是名稱問題，還包括教師看待學生的眼光或期待，如何能使全體教師都「正向」地看待補救教學？

多年來李家同一直擔心，政府沒有因材施教的配套措施，使補救教育變成陪讀。教學內容及方式若沒有檢討，不適當、不確實的「補救教學」，不僅浪費教育資源，對學生學習動機的傷害更是難以估量。如果補救教學只是第八節留下來溫習原教材、做測驗卷，不會的學生還是不會！

接受補救教學的學生，程度參差不齊，易造成教師教學進度掌握的困擾，不易滿足個別學習需求。要對學生進行個別化教學，若無相當的「歷練」與「備課」，無法達成補救教學的目標。

學校行政作業常不易安排補救教學的時間，排在早自習，學生遲到會影響進度；排在自習課，導師可能他用；排在第八節課，學生動機較弱；排在聯課活動，則補救時數不足；排在寒暑假，學生參與動機降低，有些孩子寒暑假還須協助家事、打工等。

目前補救教學多在放學後，但學生比其他人晚下課，容易有被「懲罰」的感覺。偏鄉、弱勢家庭則遇到學生需返家幫忙家務等情形，因此學生「受補率」偏低。至於何時開始進行補救教學，也會影響效果。如第一次段考後開始，待補救的內容過多，不易跟上原班進度。在教學資源方面，由於規劃時間匆促，各校缺乏充分時間設計課程或補充教材。另由於辦理的權責單位不明確，無法有效管理學生的出缺席。

第三節 補救教學的展望

找到合適的時間進行補救教學，是解決低成就學童學習困難的必要條件，但不是充要條件。如何提供有品質的教學（一般教學及補救教學），才是確保教學成效的根本之道。以下是實施補救教學的相關配套措施：

一、媒合各地優秀的補救教學師資或提供教學範例

應鼓勵現職教師擔任補救教學師資，每年定期透過八大群組中心學校辦理現職教師8小時研習。另積極培訓非現職教師、退休教師及儲備教師，一起投入補救教學方案。使補救教學師資能配合低成就的孩子需要，為他們量身訂做務實、多元的教學方案。

補救教學的師資，必須具備教學診斷能力，能準確分析學生學業低成就的原因，了解低成就學生的特質（外顯行為、心理需求、家庭需求），應用相關測驗資料，以及彌補家庭失去的功能。

媒合各地優秀的補救教學師資或提供教學範例，以實地觀摩、座談、諮詢、拍攝教學影片等方式，藉助他們教學歷程的分享，模仿他們成功的經驗，比獨自摸索與掙扎有效得多。

二、確立學生應具備哪些「基本學力」，兼顧非主流文化特性

教師進行補教教學，必須知道學生的基礎或基本能力是否足夠。補救教學的課程在內容上應依教育理念、教師素養、學習設備及學習需求，呈現多樣化。不能忽略偏鄉地區學生所處的家庭或社會文化環境，與都會環境學生相互比較，產生的文化不利（culturally disadvantage）現象。大多數學生在學習過程中並非認知程度未達標準，而是課程內容與先備經驗落差過大，造成學習的嚴重落差或學習斷層。例如107年大學學測國文科出了好幾題科普相關題目，如麻醉風險等級表、黑天鵝效應、記憶實驗、鱷魚古今文獻等，因城鄉生活經驗的差距，即會造成分數落差。

目前所談的基本學力，還是偏重基本「學科」學力，這不該是學習的

全部。如今大學選才已採取多元領域，不只是國文、英文、數學、社會、自然五個考科。企業所需的人才，也絕非具備優異的學科能力即可。加上要顧及非主流文化的特性，才能使補救教學走向正確的道路。

三、正確的補救教學觀念與教法

補救教學的方式若以「課程內容再教一次」、「多做練習」或「調整教學策略」為主，並不能滿足弱勢學生真正的需求。應進行「教材難度調整」，因應不同類型的弱勢學生，設計多元及彈性的教學方式。

部分家長誤以為補救教學是免費補習或安親班，有些學校則誤用資源，不僅全班一起上課，且上的是目前的教學進度。校方雖解釋「全班都需要補救」，實際上是想加強升學輔導。弱勢且學習能力落後的學生，依舊沒被挑出來補救。

不少教師認為補救教學方案，非屬學校正式教育系統，因此對施測結果或診斷報告較不重視。宜加強培訓到校諮詢之訪視與輔導委員，解答疑難雜症之外，也提升導師、授課教師對於學生的施測結果或診斷報告之重視。

補救教學不侷限在課後補救，學科分組教學也是可行策略。因應108年新課綱實施，國中小國、英、數「分組教學」可延伸至高中職。教育部發布《高級中等學校課程規劃及實施要點》，未來高中職國、英、數三科，學校得考量學生個人意願進行適性分組教學。分組教學人數不能超過原有班級人數，以免影響受教權。但因各校教室、經費條件不同，教育部並不強迫實施，只提供一個可行管道。

四、全面幫助弱勢者教育，弭平教育資源之城鄉、貧困家庭等落差

城鄉差距與文化不利問題，須靠有效的補救教學來矯正與弭平。此一教育資源與文化不利的結構性挑戰，往往不是主管機關預算編列不足的問題，而是更深層的社會與文化落差。癥結在於教育主管機關須提供足夠誘因，吸引優秀教師至偏鄉學校服務，提升及實質鼓勵偏鄉教師的教學熱

忱。使弱勢學生得到實際幫助，不因經濟困難而限縮受教機會。

媒體報導13歲的江璟亮，智商160，單親、低收入戶，是台灣第一位獲英國Mensa天才協會頒發天才兒童證書的人。2016年又獲得NYU、加州大學聖塔克魯茲分校等世界前百大名校錄取，成為NYU第一位以13歲低齡錄取的大學本科生。為了籌措學費，江璟亮不得不向NYU申請延後一年，明年再去就讀。

行政院長賴清德看到報導，指示教育部協助，聯合民間資源籌足逾千萬當做他的學費。賴清德表示，儘管江璟亮目前需要他人協助，未來卻可以幫助許多人。然而，每個經濟困難的家庭都能得到院長的關愛嗎（董馨梅，2018）？現有的各項減免與補助，是否足以讓經濟弱勢學生依其性向就學？政府如何提供適切資源，協助經濟弱勢學生充分就學？這些都需要完整的制度規劃，不能只靠臨時捐款。

五、加強與民間機構及社區、家長的合作

近十餘年來，多個民間團體積極承擔補救教學的工作。他們發現，學習落後的孩子，多半未能及時補救。且補救教學若仍是「原教材、原教法」，則孩子一樣聽不懂。這些待加強學生有許多是經濟弱勢及學習低成就的「雙低兒」，關鍵的做法應是「長期心靈支援」，有一個人或團體陪伴在孩子的身邊，不斷鼓勵、支持，給他信心和希望。僅靠社福團體的經濟援助，只是「杯水車薪」。目前的教育體系，也還無法發揮翻轉貧窮結構的力量。

無論如何，面對及處理這個問題，即使開始非常辛苦、成效不顯著，也比逃避或偶爾去做來得好。雖然不少學業低成就源自家庭功能不彰，但不要灰心，還是要設法激勵及帶動家長，逐漸提升對孩子的關心與管教能力。

● 這就是辛苦耕耘後收穫的歡呼（十大傑出青年郭韋齊的父母）

參考書目

尤聰光、鄭惠仁（2017，9月29日）。布農族老師，書屋拉拔部落孩子。聯合報，B。

王彩鸝（2015，6月16日）。窮孩子，開始就輸了。聯合報，A6。

王碧君（2015）。新住民及其子女的教養問題與改善建議。台灣教育，695：21-28。

王淑俐（2007）。賈馥茗教授言談集之一，「國中階段」的教學重點與困難。台灣教育：644期。

王淑俐（2011）。開始自豪當老師。台北市：五南。

宋伯誼、陳秋雲（2014，11月19日）。梨山老師趕開學，遇雪、遇石、遇坍方……。聯合報，AA。

何俊青（2017，11月15日）。別讓偏鄉童再問：老師你會不會回來？聯合報，A13。

曲全立（2016）。這個世界需要傻瓜——美力台灣3D行動電影車的誕生奇蹟。台北市：圓神。

吳佩旻（2017，12月12日）。備三餐、接送上學、教刷牙……七成偏鄉師代父母職。聯合報，B3。

杜正治（1993）。補救教學的實施。載於李詠吟。學習輔導：學習心理學的應用。台北市：心理。

李凡（2018，2月4日）。沒讀書的阿嬤，教孩子翻轉命運。聯合報，A13。

李光莒等（2012）。愛上學的老師：芬蘭教育現場觀察紀實。台北市：漢帝。

李家同（2004，6月14日）。常態分班能挽救弱勢孩子嗎？聯合報，A15。

李家同（2010）。李家同談教育：希望有人聽我的話。台北市：聯經。

李家同（2015）。教好加法、ABC打通任督脈。聯合報。

李家同（2016）。為台灣教育加油：李家同觀點。台北市：五南。

李家同（2017，3月16日）。沒補習，有幾人能應付會考？聯合報，A14。

李寶琳（2014年5月）。美國《不讓任何孩子落後》法案政策之績效責任探討與省思。台北市立大學學報，45卷，1期，pp. 1-20。

周宗禎（2012，11月23日）。泡麵鮮師，6年沒斷貨，大學生涯最甜美的回憶。聯合報，A16。

林小白（2015，6月24日）。偏鄉有比考試重要的事。聯合報，A15。

林秀姿（2014，11月19日）。高中職補救教學，去年僅五成及格。聯合報，AA3。

林秀姿a（2015，1月25日）。偏鄉缺師資，在地媽媽當助教。聯合報。

林秀姿b（2015，5月12日）。學會比學完重要，減法教學救落後生。聯合報，A6。

林秀姿c（2015，9月19日）。日本5根胡蘿蔔，偏鄉小校不缺師。聯合報，A5。

林秀姿（2017，10月4日）。貧窮世襲／被社會遺棄的窮二代。聯合報，A6。

林曉欽譯（2013），帕思‧薩爾柏格（Pasi Sahlberg）著。芬蘭教育這樣改。台北市：商周。

林讓均（2014）。下課後，回第2個家。台北市：遠見。

林麗冠、侯秀琴譯（2014），杰‧馬修（Jay Mathews）著。讓每個孩子都發光：KIPP學校如何打破學習困境，扭轉孩子的未來。台北市：遠見天下。

孟瑛如（2014）。資源教室方案：班級經營與補救教學。台北市：五南。

邱立雅（2015，6月20日）。「任意門」龐大慶，免費課輔燎起部落升學動力。聯合報，A4。

卓妙容譯（2015），肯‧羅賓森（Ken Robison）、盧‧亞若尼卡（Lou Aronica）著。讓天賦發光。台北市：遠見天下。

洪欣慈（2016，6月13日）。飽孩子身心，陳素敏開學習良方。聯合報，AA。

洪蘭（2016，12月31日）。改變不公平的世界。聯合報，A17。

洪儷瑜（2014）。補救教育概論。載於陳淑麗、宣崇慧（主編），帶好每一
　　個學生：有效的補救教學（頁3-28）。台北市：心理。

陳之華（2008）。珍視每個孩子的芬蘭教育。新北市：木馬。

陳之華（2009）。每個孩子都是第一名。台北市：遠見天下。

陳宛茜、林秀姿（2017，10月4日）。教育也難脫貧，窮孩子怎敵「資」優
　　生。聯合報，A6。

陳淑純（2017，10月27日）。偏鄉孩子更需要嫻熟教師。聯合報，A19。

陳智華（2014，11月19日）。兒盟統計，弱勢生會考全拿C的比率高。聯合
　　報，AA。

馬西屏（2010）。紅面棋王——周俊勳化棋為愛的傳奇故事。台北市：平
　　安。

國立編譯館主編（2000）。教育大辭書。台北市：文景。

黃艷譯（2004）。Natalie Rathvon著。孩子學習低落怎麼辦？台北市：新
　　苗。

教育大辭書編纂委員會（2000）。教育大辭書。台北市：文景。

張芮瑜（2016，1月22日）。山嵐海霧伴你教書，14人願當無薪師。聯合
　　報，A13。

張新仁著（2001）。實施補救教學之課程與教學設計。教育學刊，17，85-
　　106。

張新仁、邱上貞、李素慧（2000）。國中英語科學習困難學生之補救教學成
　　效研究。教育學刊，16，163-191。

張琇雲譯（2012）。隆·克拉克（Ron Clark）原著。教孩子大膽做夢——終
　　結糖漿課堂。台北市：時報。

張錦弘（2015，5月8日）。桌遊九宮格，弱勢生不再怕上學。聯合報，
　　AA。

彭宗平、李知昂、IC之音（2016）。台灣的明天——人才培育與少子化的思
　　考。台北市：遠見天下文化。

馮靖惠（2016，5月10日）。敗在學力，20萬弱勢生「等待失敗」。聯合
　　報，A6。

詹志禹、吳璧純（2015）。偏鄉教育創新發展。教育研究月刊，258，28-41。

董馨梅（2018，2月4日）。別讓窮困限縮人生，栽培更多的江璟亮。聯合報，A13。

賈馥茗（2007）。融通的教育方法。台北市：五南。

潘俊偉（2017，10月3日）。「孩子的書屋」十年有成，下一步⋯⋯社區學校。聯合報，B。

賴昭穎（2015，9月18日）。助弱勢生翻身，「為美國而教」成體制外教改典範。聯合報，A5。

鄒敏芳譯（2007）。奧力維耶・雷沃爾（Olivier Revol）著。孩子有學習問題怎麼辦？台北市：奧林。

聯合報記者／連線報導（2015，6月21日）。實施逾20年⋯⋯補救教學瓶頸：缺錢、缺人、缺時間。聯合報，A3。

顏眞編譯（2003）。賀伯特・史賓塞（Spencer,H.）著。史賓塞的快樂教育。台北市：城邦。

蕭富元等（2008）。芬蘭教育。台北市：天下。

蘇明進（2009）。希望教室——教孩子一生受用的36種能力。台北市：寶瓶。

Mellard, D., McKnight, M. & Jordan, J. (2010). RTI tier structures and instructional intensity. Lesrning Disabilities Rearch & Practice, 25, 217-225.

國家圖書館出版品預行編目資料

補救教學：關懷弱勢者教育／詹永名，王淑俐
著. －－初版. －－臺北市：五南，2018.08
　　面；　公分
ISBN 978-957-11-9809-5（平裝）

1.補救教學

521.68　　　　　　　　　107010882

1169

補救教學：關懷弱勢者教育

作　　　者 ― 詹永名（326.2）　　王淑俐

發 行 人 ― 楊榮川

總 經 理 ― 楊士清

副總編輯 ― 陳念祖

責任編輯 ― 李敏華

封面設計 ― 姚孝慈

內文插畫 ― 胡鈞怡

出 版 者 ― 五南圖書出版股份有限公司

地　　　址：106台北市大安區和平東路二段339號4樓

電　　　話：(02)2705-5066　　傳　　真：(02)2706-6100

網　　　址：http://www.wunan.com.tw

電子郵件：wunan@wunan.com.tw

劃撥帳號：01068953

戶　　　名：五南圖書出版股份有限公司

法律顧問　林勝安律師事務所　林勝安律師

出版日期　2018年8月初版一刷

定　　　價　新臺幣340元